“十二五”职业教育国家规划立项教材

财政部规划中等职业学校财经商贸类教材

企业会计实务实训与练习

肖彬　龚渝　主编

中国财经出版传媒集团

中国财政经济出版社

图书在版编目（CIP）数据

企业会计实务实训与练习 / 肖彬，龚渝主编．—北京：中国财政经济出版社，2017.4
“十二五”职业教育国家规划立项教材　财政部规划中等职业学校财经商贸类教材
ISBN 978 - 7 - 5095 - 7384 - 6

Ⅰ.①企…　Ⅱ.①肖…　②龚…　Ⅲ.①企业会计 - 会计实务 - 中等专业学校 - 教学参考资料　Ⅳ.①F275.2

中国版本图书馆 CIP 数据核字（2017）第 067593 号

责任编辑：陈　冰　　　　　　　　　　封面设计：汪俊宇

中国财政经济出版社 出版

URL：http：//www.cfeph.cn

E - mail：cfeph @ cfeph.cn

社址：北京市海淀区阜成路甲 28 号　邮政编码：100142

营销中心电话：88190406　北京财经书店电话：64033436　84041336

北京中兴印刷有限公司印刷　各地新华书店经销

787×1092 毫米　16 开　9.25 印张　218 000 字

2017 年 4 月第 1 版　2017 年 4 月北京第 1 次印刷

定价：22.00 元

ISBN 978 - 7 - 5095 - 7384 - 6

（图书出现印装问题，本社负责调换）

质量投诉电话：010 - 88190744

打击盗版举报热线：010 - 88190492、QQ：634579818

编写说明

本书是“十二五”职业教育国家规划立项教材、财政部规划教材，作为全国中等职业学校财经商贸类专业教材使用。

“企业会计实务”是会计专业的核心课程，对学生职业岗位技能的形成有着决定性影响，由于《企业会计实务》教材在编写过程中，围绕财务会计，以工作岗位为中心，以工作流程为导向进行精心设计，运用项目教学法、案例教学法进行模块式编写，虽然该教材强化了学生的实际账务处理能力，但理论知识的训练和要求略显不足。因此，为了弥补教材理论训练不足的缺憾，又为了强化学生的职业操作训练，我们编写了这本《企业会计实务实训与练习》。

《企业会计实务实训与练习》以“企业会计实务”课程的教学基本要求为依据，以中职会计专业学生的职业能力为目标，与《企业会计实务》教材在体系、结构上保持一致，按单元进行理论知识和实务操作训练，主要包括单项选择题、多项选择题、判断题、计算题、实训题等，实现理实一体化教学目标，强调了会计专业理论和实践并重的教育思想，可满足对会计专业学生进行多角度、多形式的训练。

本实训与练习由肖彬和龚渝担任主编，并对全书进行修改、充实和完善。全书共分十二个单元，其中第一、第十二单元由重庆市立信职业教育中心肖彬编写，第二、第三、第七、第十单元由重庆市立信职业教育中心龚渝编写，第四、第五单元由武汉市财政学校杨超编写，第六、第九单元由天津市第一商业学校刘国艳编写，第八、第十一单元由重庆渝中高级职业学校陈楠编写。

本书为用书学校任课老师提供了答案，如有需要，请通过 caijingjiaocai@163.com 索取，请注明学校、版次和全书名。

本实训与练习在编写过程中得到了中国财政经济出版社、畅捷通信息技术股份有限公司支持，在此一并表示感谢。

限于编者水平有限，教材中的不足和疏漏之处在所难免，敬请读者批评指正。

编　者

2017 年 3 月

目　录

第一单元

1 企业会计实务核算基础

一、单项选择题

1. 企业会计的主要计量单位是（　　）。

A. 吨　　B. 货币

C. 千克　　D. 长度

2. 企业会计核算的内容是企业会计核算对象的（　　）。

A. 具体化　　B. 多样化

C. 成果化　　D. 深度化

3. 以下是会计主体但不是法律主体的是（　　）。

A. 母公司　　B. 子公司

C. 有限责任公司　　D. 企业集团

4. 要求企业应当以实际发生的交易或事项为依据进行确认、计量和报告的会计信息质量要求是（　　）。

A. 重要性　　B. 可靠性

C. 及时性　　D. 谨慎性

5. 要求企业提供的会计信息应当相互可比的会计信息质量要求是（　　）。

A. 可理解性　　B. 可靠性

C. 可比性　　D. 及时性

6. 会计主体假设对会计工作范围从（　　）上进行了限定。

A. 时间　　B. 内容

C. 地点　　D. 空间

7. 企业应当按照交易或者事项的经济实质进行会计确认、计量和报告，不仅仅以交易或者事项的法律形式为依据的会计信息质量要求是（　　）。

A. 实质重于形式　　B. 可比性

C. 可靠性　　D. 相关性

8. 外部信息使用者了解单位会计信息最主要的途径是（　　）。

A. 会计凭证　　B. 会计账簿
C. 财产清查　　D. 财务会计报告
9. 货币计量实际上包含了另外一个重要的前提，这个前提是（　　）。
A. 历史成本　　B. 公允价值
C. 币值稳定　　D. 评估价值
10. 企业会计分期存在的基础是（　　）。
A. 会计主体　　B. 持续经营
C. 货币计量　　D. 权责发生制
11. 企业对固定资产采取加速折旧，其所体现的会计信息质量的基本要求是（　　）。
A. 谨慎性　　B. 可靠性
C. 实质重于形式　　D. 可比性
12. 下列会计信息质量要求中，属于次级质量要求的是（　　）。
A. 可比性　　B. 重要性
C. 可理解性　　D. 相关性
13. 《企业会计准则》施行的时间为（　　）。
A. 2013 年 7 月 1 日　　B. 2008 年 7 月 1 日
C. 2011 年 1 月 1 日　　D. 2007 年 1 月 1 日
14. 《小企业会计准则》施行的时间为（　　）。
A. 2013 年 1 月 1 日　　B. 2008 年 7 月 1 日
C. 2011 年 7 月 1 日　　D. 2007 年 1 月 1 日
15. 下列不属于《小企业会计准则》中所指的小企业是（　　）。
A. 国有小企业
B. 外商投资小企业
C. 股票或债券在市场上公开交易的小企业
D. 集体小企业

二、多项选择题

1. 企业会计具有的特征是（　　）。
A. 主要对外提供会计信息　　B. 提供的会计信息主要以报告形式呈现
C. 遵循传统会计模式　　D. 会计信息规范，满足使用者要求
2. 企业会计信息的使用者主要包括（　　）。
A. 投资者　　B. 债权人
C. 债务人　　D. 社会公众
3. 会计基本假设包括（　　）。
A. 会计主体　　B. 持续经营
C. 会计分期　　D. 货币计量
4. 会计信息质量要求包括（　　）。
A. 权责发生制　　B. 相关性

C. 实质重于形式　　D. 可理解性

5. 以下会计信息质量要求中，属于首要质量要求的有（　　）。

A. 可理解性　　B. 相关性

C. 可比性　　D. 实质重于形式

6. 企业资金运动过程包括（　　）。

A. 资金投入　　B. 资金减少

C. 资金循环与周转　　D. 资金退出

7. 在下列组织中，可以作为会计主体的有（　　）。

A. 生产车间　　B. 事业单位

C. 分公司　　D. 销售部门

8. 以下会计信息质量要求中，属于次级质量要求的有（　　）。

A. 及时性　　B. 重要性

C. 可比性　　D. 实质重于形式

9. 企业发生的下列经济业务中，属于资金循环和周转的有（　　）。

A. 让渡资产使用权　　B. 销售商品

C. 计提固定资产折旧　　D. 购买原材料

10. 企业发生的下列经济业务中，属于资金退出的有（　　）。

A. 购买固定资产　　B. 缴纳所得税

C. 向投资者分配现金股利　　D. 向投资者分配股票股利

11. 《小企业会计准则》制定的法律依据包括（　　）。

A.《中华人民共和国会计法》

B.《中华人民共和国企业所得税法》

C.《中华人民共和国企业所得税法实施条例》

D.《企业会计准则——基本准则》

三、判断题

1. 会计核算只能用货币作为计量单位。（　　）

2. 法律主体必定是会计主体，会计主体也必定是法律主体。（　　）

3. 业主李某将其私人用车库的修建费列入其所开公司的账户上进行核算，这明显违反了会计主体假设。（　　）

4. 企业集团不是一个独立的法人，但可以作为一个会计主体。（　　）

5. 谨慎性会计信息质量要求是指企业核算可能发生的收入。（　　）

6. 企业应当按照交易或者事项的经济实质进行会计确认、计量和报告，不仅仅以交易或者事项的法律形式为依据。（　　）

7. 企业会计的目标是向财务报告使用者提供决策有用的信息，并反映企业管理层受托责任的履行情况。（　　）

8. 持续经营假设是指企业能持续不断地经营下去，因而它仅仅是一项会计假设，缺乏客观存在的基础。（　　）

9. 会计基本假设包括会计主体、持续经营、会计分期、权责发生制和货币计量。 （　　）

10. 《小企业会计准则》适用于在中华人民共和国境内依法设立的、符合《中小企业划型标准规定》所规定的小型企业标准的企业。 （　　）

2 第二单元 企业筹集资金核算

一、单项选择题

1. 关于实收资本，下列说法错误的是（　　）。

A. 实收资本在一般情况下无需偿还，可以长期周转使用

B. 小企业根据有关规定增加注册资本，应记入“实收资本”账户

C. 实收资本是指投资者按照合同协议约定或相关规定投入到小企业、构成小企业注册资本的部分

D. 小企业收到投资者的投资，按照其在注册资本中所占的份额，记入“实收资本”账户，超过注册资本的部分，记入“盈余公积”账户

2. 下列各项中，属于资本公积的是（　　）。

A. 资本溢价　　B. 法定盈余公积

C. 任意盈余公积　　D. 未分配利润

3. 下列各项中，不属于所有者权益的是（　　）。

A. 资本溢价　　B. 投资者投入的资本

C. 计提的盈余公积　　D. 应付投资者的分红

4. 甲、乙公司均为增值税一般纳税人，适用的增值税税率为17%。现甲公司接受乙公司投入的一批原材料，该原材料的账面价值20万元，投资协议书按照市价约定的价值为22万元，该项投资无资本溢价，则甲公司实收资本应增加（　　）元。

A. 200 000　　B. 234 000

C. 220 000　　D. 257 400

5. 年初，公司所有者权益总额500万元，当年实现净利润400万元，提取法定盈余公积40万元，向投资者分配现金股利200万元，本年内以资本公积转增资本50万元，投资者追加投资50万元。该公司年末所有者权益总额为（　　）万元。

A. 900　　B. 950

C. 750　　D. 800

6. 小企业收到投资者出资超过其注册资本中所占份额的部分，应通过（　　）账户

核算。

A. “资本公积” B. “盈余公积”
C. “实收资本” D. “未分配利润”

7. 山花有限责任公司由甲、乙、丙三方各出资100万元组建。两年后，经与三方协商一致，投资者丁愿意以货币资金130万元，占山花公司注册资本的1/4，则应计入资本公积的金额为（　　）万元。

A. 100 B. 130
C. 30 D. 10

8. 小企业根据有关规定用资本公积转增资本，应借记“资本公积”，贷记（　　）账户。

A. “银行存款” B. “盈余公积”
C. “实收资本” D. “未分配利润”

9. 短期借款是指小企业向银行或其他金融机构等借入的期限在（　　）内的各种借款。

A. 3个月 B. 6个月
C. 9个月 D. 1年

10. “短期借款”账户贷方核算的内容是（　　）。

A. 借款人的借款本金 B. 预提的借款利息
C. 偿还的借款本金 D. 偿还的借款本金和利息

11. 展发公司于1月1日向银行借入一笔生产用资金100 000元，期限3个月，年利率9%。根据借款协议约定每月末支付利息，1月末利息未付，展发公司对短期借款利息应作的会计处理为（　　）。

A. 借：财务费用 750
　　贷：银行存款 750

B. 借：财务费用 750
　　贷：短期借款 750

C. 借：财务费用 750
　　贷：应付利息 750

D. 借：财务费用 750
　　贷：应付账款 750

12. “应付利息”账户核算的内容是（　　）。

A. 企业按实际利率计算的利息
B. 企业按合同约定应支付的利息
C. 到期一次还本付息的长期债券应付的利息
D. 到期时一次归还本金和利息的长期借款的利息

13. 某公司于1月1日从银行借入资金2 000万元，借款期限为3年，年利率5%，每年付息，到期还本。利息从次年开始每年年初支付。所借款项已存入银行。当年12月31日该长期借款的账面价值为（　　）万元。

A. 2 050 B. 2 000
C. 2 100 D. 2 200

14. 下列项目属于非流动负债的是（　　）。

A. 长期应付款 B. 应付票据
C. 应付职工薪酬 D. 应付账款

15. 小企业借入长期借款在按照借款本金和借款合同利率计提利息时，贷方应记入（ ）账户。

A. “长期应付款” B. “银行存款”

C. “其他应付款” D. “应付利息”

二、多项选择题

1. 下列各项中，属于所有者权益的有（ ）。

A. 资本公积 B. 盈余公积

C. 实收资本 D. 未分配利润

2. 有限责任公司吸收投资者出资时，下列会计账户的余额可能发生变化的有（ ）。

A. “盈余公积” B. “资本公积 ”

C. “实收资本” D. “未分配利润”

3. 下列事项中，可能引起资本公积变动的有（ ）。

A. 经批准将资本公积转增资本

B. 投资者投入的资本大于其按约定比例在注册资本中享有的份额

C. 向投资者分配现金股利

D. 提取法定盈余公积和任意盈余公积

4. 下列各项中，不会引起所有者权益总额发生增减变动的有（ ）。

A. 经批准将资本公积转增资本

B. 接受投资者追加投资

C. 向投资者分配现金股利

D. 提取法定盈余公积和任意盈余公积

5. 所有者权益的来源包括（ ）。

A. 投资者投入企业的资本

B. 投资者投入的资本超过注册资本中所占份额的部分

C. 未分配利润

D. 小企业按照法律规定在税后利润中提取的法定盈余公积和任意盈余公积

6. 关于资本公积，下列说法正确的有（ ）。

A. 资本公积由全体股东享有，其形成有其特定的来源，与企业的净利润无关

B. 小企业的资本公积可以用于弥补亏损

C. 小企业的资本公积可以转增资本

D. 资本公积是指小企业收到投资者出资超出其在注册资本中所占份额的部分

7. 核算短期借款利息时，可能涉及的会计账户有（ ）。

A. “应付利息” B. “财务费用”

C. “银行存款” D. “短期借款”

8. 下列属于流动负债的有（ ）。

A. 应付利息 B. 应付职工薪酬

C. 长期应付款 D. 短期借款

9. 关于短期借款，下列说法正确的有（　　）。
   A. 短期借款是指小企业向银行或其他金融机构等借入的期限在 1 年内的各种借款
   B. 小企业在应付利息日，应当按照短期借款合同利率计算确定的利息费用，借记“财务费用”账户，贷记“应付利息”等账户
   C. 小企业持未到期的商业汇票向银行贴现、贴息，借记“管理费用”账户，贷记“短期借款”账户
   D. 小企业短期借款到期偿还本金时，借记“短期借款”账户，贷记“银行存款”账户
10. 下列对长期借款利息费用的会计处理，正确的有（　　）。
   A. 生产经营期间发生的借款利息可能计入财务费用
   B. 筹建期间的借款利息计入长期待摊费用
   C. 日常生产经营活动的借款利息计入财务费用、在建工程、研发支出等
   D. 符合资本化条件的借款利息计入相关资产成本
11. 长期借款计提利息所涉及的账户有（　　）。
   A.“应付利息”　　B.“财务费用”
   C.“在建工程”　　D.“其他应付款”
12. 关于长期借款，下列说法正确的有（　　）。
   A. 长期借款是小企业向银行或其他金融机构借入的期限在 1 年以上（含 1 年）的各项借款本金
   B. 小企业借入长期借款时，借记“银行存款”账户，贷记“长期借款”账户
   C. 在应付利息日，小企业应当按照借款本金和借款合同利率计提利息费用，借记“财务费用”、“在建工程”等账户，贷记“应付利息”账户
   D. 小企业偿还长期借款本金时，借记“长期借款”账户，贷记“银行存款”账户
13. 短期借款所涉及的账户有（　　）。
   A. 应付利息　　B. 财务费用
   C. 短期借款　　D. 其他应付款

三、判断题

1. 投资者投入的资本，不得变动。（　　）
2. 小企业用资本公积转增资本，无需做账务处理。（　　）
3. 小企业用资本公积转增资本，不影响所有者权益总额的变化。（　　）
4. 小企业可以用资本公积弥补亏损。（　　）
5. 小企业收到投资者出资超过其在注册资本中所占份额的部分，作为资本溢价，通过“资本公积”账户核算。（　　）
6. 由于所有者权益与负债都是对企业资产的要求权，因此它们的性质一样。（　　）
7. 企业接受的机器设备投资，其增值税税额计入实收资本。（　　）
8. 企业投资者投入的资本都应记入“实收资本”账户。（　　）
9. 流动负债是指企业预计在 1 年内或者超过 1 年的一个正常营业周期内清偿的债务。（　　）

10. 短期借款利息在计提时应通过“短期借款”账户核算。　（　）

11. 长期借款是企业向银行或其他金融机构借入的期限在1年以上（含1年）的各项借款本金。　（　）

12. 企业借入长期借款，在应付利息日，应当按照借款本金和借款合同利率计提利息费用。　（　）

四、计算题

展发有限责任公司于2014年2月1日由张强和李彤各出资50万元成立，到2015年12月末，未新增任何投资。2016年1月，张强和李彤决定吸收王欢和信诚公司两位新投资者加入展发公司。经有关部门批准后，展发公司实施增资，将注册资本增加到200万元。经四方协商，一致同意完成下述投入后，各占展发公司1/4的股份。王欢和信诚公司的出资情况如下：

（1）王欢以一项专利技术64万元投入展发公司，已经办妥相关转让手续。

（2）信诚公司以一批原材料投入展发公司作为增资，开具的增值税专用发票注明价款55万元，税款9.35万元。

要求：

（1）编制展发公司2016年1月份发生经济业务的会计分录；

（2）计算资本公积的期末余额。

五、实训题

实　训　一

【目的】练习投入资本的核算。

【要求】根据以下经济业务进行相关账务处理。

【资料】立威机械有限责任公司发生以下经济业务：

1. 2012年1月25日，张力以现金出资80万元，李成也以现金出资120万元注册成立公司，其注册资本200万元。

2. 2012 年 7 月 15 日，公司收到王希的增资 55 万元，其中，注册资本 50 万元，其余作为资本溢价。

3. 2013 年 1 月 5 日，公司收到山花公司以一批甲材料作为投资，该甲材料协议约定价格 60 万元，增值税额 10.2 万元，已经办妥相关手续。经过协商约定，其注册资本 50 万元，其余作为资本溢价。

4. 2014 年 1 月 12 日，公司接受志远公司以一项专利技术和一幢厂房作为投资，该投资各方协议约定，专利技术价值 56 万元，厂房 80 万元，其注册资本 100 万元，其余作为资本溢价。

5. 2014 年 6 月 24 日，公司经过董事会决议，接受道通公司以一台大型机器设备作为投资，该机器设备原值 240 万元，已提折旧 120 万元，协议作价 130 万元，增值税率 17%。经多方协商一致，其注册资本 100 万元。该机器设备已经交付使用，且已经收到增值税专用发票。公司开出支票支付运输公司运输费 5 万元和增值税额 5 500 元（该运输公司属于营改增企业，增值税率为运输费的 11%）。

6. 2014 年 7 月，公司经过董事会决议，决定用资本公积 100 万元转增资本，请按各股东在注册资本的比例进行账务处理。

实 训 二

【目的】 练习短期借款的核算。

【要求】 根据以下经济业务进行相关账务处理。

【资料】 展发公司 2015 年发生以下经济业务：

1. 1 月 10 日向工商银行取得 3 个月期限的 8 万元借款，月利率 0.7%，到期还本付息。

（1）1 月 10 日，取得借款。

（2）3 月 10 日，偿还本金和利息。

2. 4 月 20 日向建设银行取得 5 个月期限的 15 万元借款，月利率 0.6%，每月付息，到期还本。

（1）4 月 20 日，取得借款。

（2）5 月 20 日，由于企业资金短缺，未按照合同支付利息。

（3）5 月 30 日，收到建设银行的扣息通知（5 月 20 日应付利息）。

（4）9 月 20 日，偿还本金和支付最后一个月的利息。

3. 7 月 15 日向交通银行取得 6 个月期限的 20 万元借款，年利率 9%，每 3 个月付息一次，到期还本。

（1）7 月 15 日，取得借款。

（2）10 月 15 日，未按照合同支付利息。

（3）10 月 20 日，收到交通银行的扣息通知。

（4）2016 年 1 月 20 日，收到交通银行扣还本金和利息通知。

实 训 三

【目的】练习长期借款的核算。

【要求】根据以下经济业务进行相关账务处理。

【资料】山花公司发生以下经济业务：

1. 2014 年 1 月 10 日，山花公司因建造现代化厂房向民生银行申请 2 年期限的贷款 50 万元，年利率 9%，每半年付息一次，到期还本。该厂房在 2014 年 7 月 10 日完工交付使用。

（1）2014 年 1 月 10 日，取得借款。

（2）2014 年 7 月 10 日，收到民生银行的扣息通知。

（3）2015 年 1 月 10 日，收到民生银行的扣息通知。

（4）2016 年 1 月 10 日，收到民生银行扣还本金和利息通知。

2. 2015 年 6 月 25 日，山花公司因设备技术改造的需要，向工商银行申请一年半期限的贷款 30 万元，年利率 8%，每半年付息一次，到期还本。设备改造在 2015 年 12 月完工并交付使用。

（1）2015 年 6 月 25 日，取得借款。

（2）2015 年 12 月 25 日，未按合同约定支付利息。

（3）2015 年 12 月 30 日，收到工商银行扣息通知。

（4）2016 年 6 月 25 日，收到工商银行扣息通知。

（5）2016 年 12 月 25 日，收到工商银行扣还本金和利息通知。

3 第三单元 货币资金核算

一、单项选择题

1. 下列项目中，不属于货币资金的是（　　）。
   A. 商业汇票　　B. 其他货币资金
   C. 银行存款　　D. 库存现金
2. 下列项目中，不属于货币资金的是（　　）。
   A. 银行本票存款　　B. 银行存款
   C. 外埠存款　　D. 银行承兑汇票
3. 下列经济业务中，不应使用现金支付的是（　　）。
   A. 支付车间员工王超的奖金 5 800 元
   B. 购进材料，向供应商支付材料款 1 500 元
   C. 支付员工差旅费 3 500 元
   D. 支付零星办公用品费 765 元
4. 小企业职工的工资、奖金等现金的支取，应通过（　　）办理。
   A. 一般存款账户　　B. 基本存款账户
   C. 临时存款账户　　D. 专项存款账户
5. 下列各项中，银行存款业务表述正确的是（　　）。
   A. 小企业收款人不得将收到的银行汇票背书转让
   B. 小企业单位信用卡存款账户可以存取现金
   C. 小企业信用证保证金余额不能转回其开户行
   D. 小企业外埠存款除采购人员可从中提取少量现金外，一律采用转账结算
6. 适用于同城的结算方式是（　　）。
   A. 银行汇票　　B. 托收承付
   C. 银行本票　　D. 汇兑
7. 小企业将款项汇往异地银行开立采购专户，正确的会计处理为（　　）。
   A. 借记“其他应收款”账户，贷记“银行存款”账户

B. 借记“在途物资”账户，贷记“其他货币资金”账户
C. 借记“其他货币资金”账户，贷记“银行存款”账户
D. 借记“应收账款”账户，贷记“银行存款”账户

8. 小企业存放在银行的银行本票存款，应通过（　　）账户核算。
A.“其他货币资金”　　B.“其他应收款”
C.“库存现金”　　D.“银行存款”

9. 小企业中的出纳人员不得办理下列（　　）项业务。
A. 登记总账　　B. 登记库存现金日记账
C. 现金收付　　D. 登记银行存款日记账

10. 商业汇票是小企业的结算方式之一，其付款期限最长不得超过（　　）。
A. 3 个月　　B. 1 年
C. 4 个月　　D. 6 个月

二、多项选择题

1. 下列项目中，属于货币资金的有（　　）。
A. 银行承兑汇票　　B. 其他货币资金
C. 银行存款　　D. 库存现金

2. 小企业发生下列经济业务中，能用现金支付的有（　　）。
A. 支付销售人员曹某的奖金 3 400 元
B. 为鼓励员工进行技术改造，本月支付张金技术改造奖 20 000 元
C. 支付员工差旅费 6 000 元
D. 支付设备购置款 7 800 元

3. 下列可以使用现金的有（　　）。
A. 职工工资、津贴
B. 根据国家规定颁发给个人的科学技术、文化艺术、体育等各种奖金
C. 个人劳务报酬
D. 向个人收购农副产品和其他物资的价款

4. 下列项目中，属于其他货币资金核算内容的有（　　）。
A. 银行承兑汇票　　B. 商业承兑汇票
C. 银行本票存款　　D. 银行汇票存款

5. 下列对普通支票描述正确的有（　　）。
A. 可以支取现金　　B. 可以用于转账
C. 只能用于转账　　D. 只能支取现金

6. 下列对于支票描述正确的有（　　）。
A. 现金支票只能支取现金
B. 转账支票只能用于转账
C. 划线支票既能转账也能支取现金
D. 普通支票既能转账也能支取现金

7. 下列各项中，通过“其他货币资金”账户核算的有（　　）。

A. 外埠存款　　　　B. 信用卡存款

C. 存出投资款　　　　D. 信用证存款

8. 支票可以划分为（　　）三种。

A. 现金支票　　　　B. 划线支票

C. 转账支票　　　　D. 普通支票

9. 下面（　　）票据可以背书转让。

A. 现金支票　　　　B. 商业汇票

C. 转账支票　　　　D. 银行本票

10. 小企业可以开立的账户有（　　）。

A. 一般存款账户　　　　B. 基本存款账户

C. 临时存款账户　　　　D. 专项存款账户

三、判断题

1. 向农民收购农副产品 34 000 元，只能使用现金。（　　）
2. 某小企业为鼓励发明创造，支付员工发明奖 2 万元，可以使用现金。（　　）
3. 在实际经营过程中，企业可以用“白条”抵库。（　　）
4. 在特殊情况下，出纳人员可以将现金以个人名义存入。（　　）
5. 小企业应保持 3 ~ 5 天的日常零星开支所需的库存现金限额。（　　）
6. 小企业库存现金不足限额应及时补足，超过限额的现金应及时送存银行。（　　）
7. 小企业一般存款账户可以办理现金缴存，也可以办理现金支取。（　　）
8. 划线支票，既能用于转账，也能支取现金。（　　）
9. 银行本票和银行汇票的付款期为自出票之日起一个月。（　　）
10. 银行汇票既适用于同城，又适用于异地。（　　）

四、计算题

1. 4 月 30 日，展发公司库存现金期末余额 8 700 元，银行存款期末余额 167 854 元，其他货币资金期末余额 46 700 元。

要求：请计算展发公司货币资金的期末数。

2. 5 月 31 日，山花公司库存现金期末余额 3 500 元，工商银行基本存款账户期末余额 106 700 元，建设银行一般存款账户期末余额 48 000 元，交通银行一般存款账户期末余额 26 000 元，银行本票存款期末余额 50 000 元，银行汇票存款期末余额 40 000 元。

要求：请计算山花公司货币资金的期末数。

五、实训题

实　训　一

【目的】练习库存现金的核算。

【要求】根据以下经济业务进行相关账务处理。

【资料】立威机械有限责任公司 4 月份发生以下经济业务：

1. 5 日，销售人员张娟需到异地出差，向公司借支差旅费 5 000 元，出纳员审核后支付现金。

2. 6 日，办公室人员王永报销购买茶叶费用 680 元。

3. 8 日，车间工人张超因技术更新，公司决定单独奖励其 8 000 元，出纳员审核后以现金支付。

4. 10 日，管理部门李颖出差回来，报销差旅费 234 元，出纳员审核后支付其现金。

5. 13 日，销售人员张娟出差归来，报销差旅费 4 760 元，并退回多余现金。

6. 15 日，出纳员经审核，现金支付临时搬运人员的搬运费 360 元。

7. 25 日，开出现金支票支取现金 60 000 元，备发工资。

8. 26 日，用现金支付上月的工资 56 800 元。

9. 28 日，用现金向农户收购农副产品芝麻 5 吨，每吨 8 500 元，芝麻已经入库，可根据收购发票的 13% 抵扣增值税。

10. 30 日，出纳员将多余现金 45 000 元交存银行。

11. 30 日，用现金购买复印纸、笔记本等办公用品 85 元。

实 训 二

【目的】练习银行存款的核算。

【要求】根据以下经济业务进行相关账务处理。

【资料】展发公司 4 月份发生以下经济业务：

1. 2 日，购进甲材料，价款 20 000 元，增值税专用发票注明税额 3 400 元，甲材料已经入库，同时开出转账支票付款。

2. 4 日，公司开出转账支票支付上月所欠蓝光公司的货款 34 689 元。

3. 5 日，出纳员经过相关领导的批准，采用信汇方式给上海某公司预付货款 26 000 元。

4. 8 日，公司收到湖人公司开具的一张转账支票，金额 48 000 元，用以偿还上月所欠货款。

5. 9 日，接银行扣款通知，公司 3 月前开具的一张银行承兑汇票到期，金额 68 000 元，已付款。

6. 10 日，接银行扣款通知，扣手续费 10.5 元。

7. 12 日，接银行扣税通知，支付上月增值税 16 000 元，城建税 1 120 元，教育费附加 480 元，地方教育费附加 320 元。

8. 15 日，接银行电汇收款通知，收到南越公司货款 86 000 元。

9. 20 日，接银行扣款通知，支付信汇手续费 8 元。

10. 30 日，接银行收款通知，28 日委托其收取的山花公司的货款 58 500 元，已经到款。

11. 30 日，接银行收款通知，收取银行账户余额利息收入 12.5 元。

实　训　三

【目的】练习其他货币资金的核算。

【要求】根据以下经济业务进行相关账务处理。

【资料】山花公司5月份发生以下经济业务：

1. 采购员李斌准备到上海进行丙材料的采购，为了采购方便，采用银行汇票结算方式，相关业务如下：

（1）3日，委托银行开出银行汇票6万元，相关手续已经办妥。

（2）5日，购进丙材料5万元，增值税额8 500元，丙材料尚未到达入库，款项已经用银行汇票付款。

（3）6日，接银行收款通知，银行汇票存款余款1 500元，已经退回基本账户。

2. 采购员王芳准备到广州进行采购，公司决定到广州开立采购专户，相关业务如下：

（1）9 日，委托银行向广州汇款 10 万元，开立采购专户，相关手续已办妥。

（2）12 日，王芳的采购业务已经完成，采购甲材料 45 000 元，增值税额 7 650 元，乙材料 4 万元，增值税额 6 800 元，材料尚未入库，所有款项已经通过采购专户付款。

（3）13 日，采购专户余款已经通过银行退回，并接到银行的收账通知。

3. 为方便采购活动，公司决定办理单位信用卡，相关经济业务如下：

（1）15 日，公司办理一张单位信用卡，通过银行向其划入 5 万元。

（2）18 日，公司购买办公用品 4 600 元，用信用卡付款，取得增值税专用发票，收到银行转来信用卡存款付款凭证，经审核无误。

（3）20 日，公司在百货超市购买公司员工食堂需要的米面 23 400 元，取得增值税专用发票，该公司员工食堂开支作为公司福利，全部由公司承担。收到银行转来信用卡存款付款凭证。

4. 22 日，公司销售 A 产品，价款 3 万元，增值税额 5 100 元，产品已经发出，收到银行本票一张，同时连同银行本票向银行填写进账单，相关手续已经办妥。

5. 26 日，公司销售 B 产品，价款 25 000 元，增值税额 4 250 元，产品已经发出，收到转账支票一张，并连同转账支票向银行填写进账单，相关手续已经办妥。

第四单元 4 往来款项核算

一、单项选择题

1. 在我国，小企业收到的商业汇票应以（　　）计价。

A. 到期值的现值　　B. 票据到期值

C. 票据面值　　D. 票据贴现值

2. 应收账款应按（　　）记账。

A. 估计金额　　B. 实际发生的金额

C. 双方协商的金额　　D. 计划金额

3. 应收账款的入账价值不包括（　　）。

A. 销售货物或提供劳务的货款

B. 代购货方垫付的运杂费

C. 应收客户违约的罚款

D. 销售货物或提供劳务应收的增值税

4. 应收账款是由（　　）而产生的。

A. 现销业务　　B. 租赁业务

C. 赊销业务　　D. 其他销售业务

5. 预付款项情况不多的小企业，也可以不设置“预付账款”账户，将预付的款项直接记入（　　）账户的借方。

A. “应收账款”　　B. “其他应收款”

C. “应付账款”　　D. “应收票据”

6. 某小企业赊销商品一批，按价目表的价格计算，货款金额50万元，给购买方的商业折扣为5%，规定的付款条件为2/10、N/30，适用的增值税税率为17%。则该企业“应收账款”账户的入账金额为（　　）元。

A. 585 000　　B. 560 000

C. 565 750　　D. 555 750

7. 销货方按商品售价给予客户的现金折扣，会计上应该作为（　　）处理。

A. 营业外支出　　B. 冲减销售收入
C. 财务费用　　D. 销售费用

8. 商业汇票到期，如果因付款人无力支付票款，票据由银行退回，收款单位应（　　）。
A. 转作管理费用　　B. 转作应收账款
C. 转作营业外支出　　D. 转作营业外收入

9. 小企业签发转账支票，支付临时租入固定资产的押金3 000元，会计处理应为（　　）。
A. 借：管理费用　3 000
　　贷：银行存款　3 000
B. 借：应收账款　3 000
　　贷：银行存款　3 000
C. 借：预付账款　3 000
　　贷：银行存款　3 000
D. 借：其他应收款　3 000
　　贷：银行存款　3 000

10. 小企业确实无法偿付的应付账款，应转作（　　）。
A. 营业外收入　　B. 未分配利润
C. 其他业务收入　　D. 资本公积

11. 小企业发生的下列业务中，应通过"应付账款"账户核算的是（　　）。
A. 小企业开出的银行承兑汇票
B. 小企业接受供应单位提供劳务而发生的应付未付款项
C. 暂收所属单位的款项
D. 预收的包装物押金

12. 黄河公司从星星公司购入材料一批，取得的增值税专用发票上注明的价款为6万元，增值税税额为10 200元，材料尚未验收入库，货款及增值税税额尚未支付。取得的运费结算单据上注明运输费2 400元，装卸费200元，已以银行存款支付。则黄河公司购买材料时应付账款的入账价值为（　　）元。
A. 72 800　　B. 70 200
C. 60 368　　D. 60 200

13. 甲公司2月3日从乙公司购入一批商品并已验收入库。取得的增值税专用发票上注明该批商品的价款为40万元，增值税税额为6.8万元。合同中规定的现金折扣条件为2/10，1/20，n/30，假定计算现金折扣时考虑增值税。甲企业在2月15日付清货款，则甲企业购买该产品时应付账款的入账价值为（　　）万元。
A. 40　　B. 45.864
C. 46.332　　D. 46.8

14. 如果小企业不设置"预收账款"账户，应将预收的货款记入（　　）。
A. "应收账款"账户的借方　　B. "应收账款"账户的贷方
C. "应付账款"账户的借方　　D. "应付账款"账户的贷方

15. 下列各项中，应通过"其他应付款"账户核算的是（　　）。

A. 租入包装物支付的押金
B. 应交教育费附加
C. 存入保证金
D. 应付销售人员工资

16. 小企业无法支付的其他应付款，应转入（　　）账户。
A. “营业外收入”
B. “其他应收款”
C. “其他业务收入”
D. “资本公积”

17. 采购方采购商品使用商业汇票结算时，应核算的会计账户是（　　）。
A. “应收账款”
B. “应收票据”
C. “应付票据”
D. “预收账款”

18. 企业售出商品，当日收到面值 10 万元，年利率 5%，期限 6 个月的商业承兑汇票一张。企业取得该票据时的入账价值为（　　）元。
A. 100 000
B. 101 250
C. 105 000
D. 115 000

19. 某企业为一般纳税人企业。某日购入材料 1 万元，增值税额为 1 700 元，取得增值税专用发票，本企业以 6 个月的带息商业承兑汇票支付货款和增值税，票面金额为 11 700 元，票面年利率为 6%，则该票据到期后应收票据的账面余额为（　　）元。
A. 11 700
B. 12 051
C. 12 000
D. 12 402

20. 某企业赊销商品一批，商品标价 1 万元，商业折扣 20%，增值税率为 17%，现金折扣条件为 2/10，n/20。企业销售商品时代垫运费 200 元（不考虑运费增值税），则应收账款的入账金额为（　　）元。
A. 9 560
B. 9 360
C. 11 700
D. 11 900

21. 某企业 10 月 8 日销售商品 100 件，增值税专用发票上注明的价款为 15 000 元，增值税额为 2 550 元。企业规定的现金折扣条件为：2/10，1/20，N/30。假定计算现金折扣时考虑增值税。如买方在 10 月 16 日付清货款，该企业实际收款金额应为（　　）元。
A. 17 550
B. 17 400
C. 17 199
D. 17 250

22. 某企业 10 月 8 日销售商品 100 件，增值税专用发票上注明的价款为 15 000 元，增值税额为 2 550 元。企业为了及早收回货款而在合同中规定的现金折扣条件为：2/10，1/20，N/30。假定计算现金折扣时不考虑增值税，如买方在 10 月 24 日付清货款，该企业实际收款金额应为（　　）元。
A. 17 550
B. 17 400
C. 17 374. 5
D. 17 250

23. 某企业在 10 月 8 日销售商品 100 件，该商品单价为 1 500 元，增值税税率为 17%，该企业给购货方 10% 的商业折扣，购货方尚未支付货款，则该企业应收账款的入账价值为（　　）元。
A. 175 500
B. 174 000
C. 157 950
D. 172 500

二、多项选择题

1. 在我国会计实务中，作为应收票据核算的票据有（　　）。
   A. 支票　　B. 银行汇票
   C. 商业承兑汇票　　D. 银行承兑汇票
2. 下列各项中，（　　）构成应收账款的入账价值。
   A. 确认商品销售收入时尚未收到的增值税销项税额
   B. 代购货方垫付的运杂费
   C. 销售货物发生的商业折扣
   D. 确认商品销售收入时尚未收到的价款
3. 下列各项中，应通过“其他应收款”账户核算的有（　　）。
   A. 应收的各种赔款
   B. 出口产品按照税法规定应予退回的增值税款
   C. 预付给供应单位货款
   D. 应收股利
4. 小企业的预付账款可以通过（　　）账户进行核算。
   A.“预付账款”　　B.“应付账款”
   C.“其他应收款”　　D.“其他应付款”
5. 小企业作为坏账损失的条件有（　　）。
   A. 债务人依法宣告破产、关闭、解散、被撤销，或者被依法注销、吊销营业执照，其清算财产不足清偿的
   B. 债务人死亡，或者依法被宣告失踪、死亡，其财产或者遗产不足清偿的
   C. 债务人逾期 3 年以上未清偿，且有确凿证据证明已无力清偿债务的
   D. 与债务人达成债务重组协议或法院批准破产重整计划后，无法追偿的
6. 下列关于应付票据处理的表述中，正确的有（　　）。
   A. 小企业开出、承兑商业汇票抵付货款时，应贷记“应付票据”账户
   B. 应付票据到期，支付票款时，借记“应付票据”账户，贷记“银行存款”账户
   C. 小企业支付的银行承兑手续费，应借记“财务费用”账户
   D. 小企业到期无力支付的银行承兑汇票，应按票面金额转入“应付账款”账户
7. 下列关于应付账款的表述中，正确的有（　　）。
   A. 小企业购入材料未验收入库，货款尚未支付时，应借记“在途物资”账户，借记“应交税费——应交增值税（进项税额）”账户，贷记“应付账款”账户
   B. 小企业开出承兑商业汇票抵付应付账款，应借记“应付账款”账户，贷记“应付票据”账户
   C. 小企业开出承兑商业汇票抵付应付账款，应借记“应付账款”账户，贷记“短期借款”账户
   D. 小企业确实无法偿付的应付账款，应借记“应付账款”账户，贷记“营业外收入”账户

8. 下列关于预收账款的账务处理中，正确的有（　　）。

A. 小企业向购货单位预收的款项，借记“银行存款”等账户，贷记“预收账款”账户

B. 小企业销售实现时，按实现的收入，借记“银行存款”账户，贷记“主营业务收入”账户；涉及增值税销项税额的，还应贷记“应交税费——应交增值税（销项税额）”账户

C. 小企业收到购货单位补付的款项时，借记“银行存款”等账户，贷记“预收账款”账户

D. 小企业向购货单位退回其多付的款项时，借记“预收账款”账户，贷记“银行存款”账户

9. 下列项目中，应通过“其他应付款”账户核算的有（　　）。

A. 应付租入包装物的租金

B. 应付经营租入固定资产的租金

C. 应付融资租入固定资产的租赁费

D. 分期付款方式购入固定资产发生的应付款项

10. “预收账款”账户借方登记（　　）。

A. 预收货款的金额

B. 企业向购货方发货后冲销的预收账款的金额

C. 收到购货单位补付货款的金额

D. 退回购货方多付货款的金额

11. 下列各项交易或事项，不应通过“其他应付款”账户核算的有（　　）。

A. 客户存入的保证金　　B. 应付股东的现金股利

C. 应付租入包装物的租金　　D. 预收购货单位的货款

12. 其他应收款核算的主要内容包括（　　）。

A. 应收的各种赔款、罚款　　B. 应收的出租包装物租金

C. 应向职工收取的各种垫付款项　　D. 存出保证金

13. 下列各项中，会引起应收账款账面价值发生变化的有（　　）。

A. 实际发生的坏账损失　　B. 收回应收账款

C. 发生应收账款　　D. 收回已转销的坏账

14. 下列应收、暂付款项中，通过“其他应收款”账户核算的有（　　）。

A. 应收保险公司的赔款

B. 收取的出借包装物押金

C. 应向职工收取的各种垫付款项

D. 应向购货方收取的代垫运杂费

15. 根据承兑人不同，商业汇票分为（　　）。

A. 商业承兑汇票　　B. 银行承兑汇票

C. 银行本票　　D. 银行汇票

16. 应收票据终止确认时，对应的会计科目可能有（　　）。

A. “资本公积”　　B. “原材料”

C. “应交税费”　　D. “材料采购”

17. 下列事项中，通过“其他应收款”科目核算的有（　　）。

A. 应收的各种赔款、罚款

B. 应收的出租包装物租金

C. 存出保证金

D. 企业代购货单位垫付包装费、运杂费

18. 以下应当确认为坏账损失的有（　　）。

A. 债务人依法宣告破产

B. 债务人被吊销营业执照

C. 因自然灾害、战争等不可抗力导致无法收回

D. 逾期两年以上未清偿的

19. 关于“预付账款”账户，下列说法正确的有（　　）。

A. “预付账款”属于资产性质的账户

B. 预付货款不多的企业，可以不单独设置“预付账款”账户，将预付的货款计入“应付账款”账户的借方

C. “预付账款”账户贷方余额反映的是应付供货单位的款项

D. “预付账款”账户核算企业因销售业务产生的往来款项

三、判断题

1. 小企业持商业汇票向银行等金融机构贴现，应将办理贴现的手续费记入“财务费用”账户。（　　）

2. 小企业收到承兑的商业汇票，无论是否带息，均按票据的票面价值入账。（　　）

3. 现金折扣和销售折让，均应在实际发生时计入当期财务费用。（　　）

4. 小企业支付的包装物押金和收取的包装物押金均应通过“其他应收款”科目核算。（　　）

5. 小企业销售一笔金额为15万元的货物（含税），规定销货的现金折扣条件为2/20，N/30，购货单位于第15天付款，该企业实际收到的款项金额为14.8万元。（　　）

6. 应收及预付款项的坏账损失应当于实际发生时计入营业外支出，同时冲减应收及预付款项。（　　）

7. “应付票据”账户核算小企业因购买材料、商品和接受劳务等日常生产经营活动开出、承兑的商业汇票（银行承兑汇票和商业承兑汇票）。（　　）

8. 小企业预收账款情况不多的，也可以不设置“预收账款”账户，将预收的款项直接记入“应付账款”账户。（　　）

9. 小企业无法支付的其他应付款，借记“其他应付款”账户，贷记“资本公积”账户。（　　）

10. 应付职工未按期领取的工资应该通过“其他应付款”账户核算。（　　）

11. 客户存入的保证金应通过“其他应付款”账户核算。（　　）

12. 企业进行在建工程预付的工程价款，应在“预付账款”账户核算。（ ）

13. 小企业的应收账款，在债务人依法宣告破产时，其清算财产不足清偿的部分应该确认为坏账准备。（ ）

14. 企业应当定期或者至少于每年年度终了，对其他应收款进行检查，预计其可能发生的坏账损失，并计提坏账准备。（ ）

四、实训题

实 训 一

【目的】练习应收票据的核算。

【要求】根据下列经济业务进行相关账务处理。

【资料】立威机械有限责任公司为增值税一般纳税人，适用的增值税税率为17%（下同）。本年发生经济业务如下：

1. 1月4日，立威公司采用商业汇票结算方式向杰宏公司销售商品一批，货款20万元，增值税额3.4万元，以银行存款代垫运杂费3 000元，收到面值23.7万元的三个月期银行承兑汇票一张抵付货款。

2. 4月4日，立威公司持有的面值237 000元银行承兑汇票到期。

3. 5月8日，立威公司向长安公司采购原材料一批，增值税专用发票上注明的价款为15万元，增值税税额为25 500元。当日立威公司将持有的华大公司17万元的银行承兑汇票背书转让给长安公司，差额部分款项尚未支付。采用实际成本法核算，材料未入库。

4. 6月6日，立威公司持有邻水燃气有限公司开具的出票日期为当年5月6日，期限为3个月，面值为23 400元的不带息商业承兑汇票到银行贴现，无追索权，银行年贴现率为12%。

实　训　二

【目的】 练习应付票据的核算。

【要求】 根据下列经济业务进行相关账务处理。

【资料】 立威公司本年发生经济业务如下：

1. 3月1日，公司向嘉信材料公司采购材料，价款30万元，增值税税额5.1万元，材料已验收入库。当日立威公司开出不带息银行承兑汇票一张，期限3个月，面值35.1万元，用于支付上述款项。

2. 6月1日，公司开出的面值35.1万元银行承兑汇票到期，于当日支付票款。

3. 6月1日，立威公司开出的面值35.1万元银行承兑汇票到期，本公司无力支付票款。

实 训 三

【目的】练习应收账款的核算。

【要求】根据下列经济业务进行相关知识处理。

【资料】立威公司4月份发生经济业务如下：

1. 4月5日，公司采用托收承付结算方式向杰嘉公司销售商品一批，货款30万元，增值税额5.1万元，以银行存款代垫运杂费0.6万元，已办理托收手续。

2. 公司收到宏达公司交来商业承兑汇票一张，面值1万元，用以偿还其前欠货款。

3. 4月8日，公司向长岭公司销售商品一批，开出的增值税专用发票上注明的价款为15万元，增值税税额为2.55万元，该批商品实际成本为12万元，款项尚未收到。

4. 4 月 30 日，因川南公司破产，立威公司应收账款 1 万元无法收回。

实　训　四

【目的】练习应付账款的核算。

【要求】根据下列经济业务进行相关账务处理。

【资料】立威公司 8 月份发生经济业务如下：

1. 8 月 25 日，公司从大华公司购进材料一批，取得的增值税专用发票上注明价款 30 万元，增值税税额 5.1 万元。材料已验收入库，价、税款尚未支付。发票已通过认证。

2. 8 月 28 日，公司开出转账支票 35.1 万元，支付前欠大华公司货款。

3. 8 月 29 日，公司开出并承兑为期 3 个月的商业承兑汇票一张，用以抵付前欠大华公司所购材料价税款 35.1 万元。

4. 8月31日，由于大华公司方面原因，导致立威公司前欠货款无法支付，经本公司董事会决定转作营业外收入。

实 训 五

【目的】练习预付账款的核算。

【要求】根据下列经济业务进行相关账务处理。

【资料】立威公司9月份发生经济业务如下：

1. 9月8日，公司向大华公司采购材料5 000千克，每千克单价10元，按照合同规定开出支票向大华公司付订金2.5万元，材料验收入库后补付其余款项。

2. 9月18日，公司收到大华公司发来的5 000千克材料，验收无误，增值税专用发票注明的价款为5万元，增值税税额8 500元。

3. 9 月 18 日，公司以银行存款补付所欠大华公司款项 33 500 元。

实　训　六

【目的】 练习预收账款的核算。

【要求】 根据下列经济业务进行相关账务处理。

【资料】 立威公司 12 月份发生经济业务如下：

1. 12 月 10 日，公司向杰嘉公司销售商品一批，价款 18 万元，增值税税额 30 600 元，价税合计 210 600 元。双方约定签订合同当日预付货款 10 万元，收到货物后支付剩余货款。

2. 12 月 28 日，公司向宜成燃气公司发出货物，并开出增值税专用发票。

3. 12 月 28 日，立威公司收到剩余货款。

实　训　七

【目的】练习其他应收应付款项的核算。

【要求】根据下列经济业务进行相关账务处理。

【资料】立威公司12月份发生经济业务如下：

1. 12月2日，公司租入包装物一批，以银行存款向出租方支付押金1万元。

2. 12月2日，公司在采购过程中发生材料毁损，按保险合同规定，应由保险公司赔偿损失3万元，赔款尚未收到。

3. 12月15日，上述保险公司赔款如数收到。

4. 12月22日，租入包装物按期如数退回，公司收到出租方退还的押金1万元，已存入银行。

5. 12 月 24 日，公司出租给大华公司生产设备一台，本公司收到押金 5 000 元。

6. 12 月 31 日，租赁期满公司归还大华公司押金 5 000 元。

5 第五单元 投资核算

一、单项选择题

1. 小企业购买分期付息的债券作为短期投资时，实际支付的购买价款中包含的已到付息期但尚未领取的债券利息，应记入的会计账户是（　　）。

A. “短期投资”　　B. “投资收益”

C. “财务费用”　　D. “应收利息”

2. 某小企业2月1日购入杰嘉公司15万股股票作为短期投资，每股价格为6元。5月15日收到杰嘉公司分派的现金股利3万元。收到分派的股利后，企业所持有的杰嘉公司股票每股成本为（　　）元。

A. 3.60　　B. 6.00

C. 3.48　　D. 5.80

3. 下列项目中，不应计入短期投资取得成本的是（　　）。

A. 支付的购买价格　　B. 支付的相关税金

C. 支付的手续费　　D. 支付价款中包含的应收股利

4. 某小企业以21万元将上月购入的短期股票予以出售，该批股票的账面余额为20万元。则该企业记入“投资收益”账户的金额应为（　　）元。

A. 10 000　　B. 20 000

C. 30 000　　D. 40 000

5. 小企业采用成本法核算长期股权投资时，实际收到被投资单位分派的现金股利时，应当（　　）。

A. 减少长期股权投资　　B. 冲减应收股利

C. 增加实收资本　　D. 计入投资收益

6. 小企业采用成本法核算长期股权投资时，股票持有期间被投资单位发放的现金股利，确认投资收益的时点是（　　）。

A. 实际收到现金股利时

B. 被投资单位宣告发放现金股利的股权登记日

C. 被投资单位发放现金股利的除息日

D. 被投资单位宣告发放现金股利时

7. 甲公司出资 100 万元，取得了乙公司 60% 的控股权，假如购买股权时乙公司的账面净资产价值为 150 万元。则甲公司确认的长期股权投资成本为（　　）万元。

A. 100　　　　B. 150

C. 90　　　　D. 120

8. 以支付现金取得的长期股权投资，应当按照（　　）作为初始投资成本。

A. 实际支付的购买价款和相关税费

B. 被投资企业所有者权益账面价值的份额

C. 被投资企业所有者权益公允价值的份额

D. 被投资企业所有者权益

9. 通过非货币性资产交换取得的长期股权投资，应当按照（　　）作为成本进行计量。

A. 换出非货币性资产的评估价值和相关税费

B. 账面价值

C. 公允价值

D. 市场价值

10. 小企业购买上市交易的股票，若支付的价款中含有已宣告但尚未发放的现金股利，应将这部分股利记入（　　）账户。

A. "短期投资"　　　　B. "长期股权投资"

C. "投资收益"　　　　D. "应收股利"

11. 在成本法下"长期股权投资"账户的余额表示的是（　　）。

A. 以市价反映的投资金额

B. 以面值反映的投资金额

C. 在被投资企业净资产中拥有的份额

D. 以成本反映的投资金额

12. "长期债券投资"账户所属的"应计利息"明细账户借方登记的内容是（　　）。

A. 分期付息债券计提的利息

B. 一次还本付息债券计提的利息

C. 购入时含有的未到期的利息

D. 购入时含有的已到期的利息

13. 长期股权投资应当采用（　　）进行会计处理。

A. 权益法　　　　B. 成本法

C. 比例合并　　　　D. 公允价值

14. 长期债券投资损失在（　　）确认，计入营业外支出。

A. 资产负债表日　　　　B. 实际发生时

C. 出售　　　　D. 应付利息日

15. 小企业以赚取差价为目的从二级市场购入的股票、债券、基金等应确认为（　　）。

A. 交易性金融资产　　　　B. 可供出售金融资产

C. 短期投资　　D. 长期投资

16. 某企业1月1日购入光大公司1月1日发行的五年期债券，票面利率12%，面值100元。本企业以105元的价格购入800张，另支付相关税费2 000元，该债券每年付息1次，当年末，该债券的账面价值为（　）元。

A. 80 000　　B. 84 800

C. 86 000　　D. 89 600

二、多项选择题

1. 小企业核算实际收到短期投资的现金股利时，可能涉及的会计科目有（　　）。

A. "投资收益"　　B. "短期投资"

C. "应收股利"　　D. "银行存款"

2. 下列各项中，应在购入短期债券时计入其入账价值的有（　　）。

A. 债券的购买价款　　B. 支付的手续费

C. 支付的印花税　　D. 已到付息期但尚未领取的利息

3. 小企业在"长期债券投资"科目下，需要设置的明细科目有（　　）。

A. "债券面值"　　B. "债券溢折价"

C. "应计利息"　　D. "应收利息"

4. 在下列项目中，可以构成长期股权投资成本的有（　　）。

A. 购买股票的价款

B. 购买股票时支付的相关税费

C. 实际支付的价款中包含已宣告但尚未发放的现金股利

D. 咨询费

5. 采用成本法核算长期股权投资，被投资单位宣告分派的现金股利，投资单位可能涉及的科目有（　　）。

A. "投资收益"　　B. "利润分配"

C. "长期股权投资"　　D. "应收股利"

6. 下列各项中，有关长期债券投资表述正确的有（　　）。

A. 长期债券投资应当按照购买价款和相关税费作为成本进行计量

B. 实际支付价款中包含的已到付息期但尚未领取的债券利息，应当单独确认为应收利息

C. 分期付息方式的债券应计利息计入长期债券投资的账面价值

D. 分期付息方式的债券应收利息应作为流动资产项目

7. 下列各项中，属于长期投资按投资内容划分的有（　　）。

A. 短期投资　　B. 实物投资

C. 货币投资　　D. 无形资产投资

8. 小企业短期投资的特征包括（　　）。

A. 投资目的明确，一般为提高暂时闲置资金的使用效率和效益而进行的对外投资，也包括以赚取差价为目的

B. 投资时间比较短，通常不超过一年

C. 投资品种易变现

D. 短期投资的资产通常为债权性的，不包括债务性投资

9. 小企业以支付现金方式购入的短期投资，其初始成本的确认依据为（　　）。

A. 短期投资的购买价款

B. 相关税费

C. 价款中包含的已宣告但尚未发放的现金股利

D. 购买过程中发生的工资、劳务费

10. 小企业于1月20日购入面值为10万元的长期债券，实际支付银行存款为11万元，其中，1万元为已到付息期但尚未领取的债券利息。以下对该项长期债券投资，处理正确的有（　　）。

A. 借：长期债券投资　110 000　　B. 借：长期债券投资　100 000

C. 借：应收利息　10 000　　D. 贷：银行存款　110 000

11. 小企业于2月25日用银行存款购入当年2月1日发行的为期5年的长期债券，总面值为10万元，票面利率5%，该债券每年末支付利息，到期偿还本金。每年末企业应计利息时，账务处理不正确的有（　　）。

A. 借：投资收益　50 000　　B. 借：应收利息　50 000

C. 借：长期债券投资　50 000　　D. 借：银行存款　50 000

12. 小企业于2月25日用银行存款购入当年2月1日发行的为期5年的长期债券，总面值为10万元，票面利率5%，该债券到期一次还本付息。每年末企业应计利息时，下列账务处理不正确的有（　　）。

A. 借：投资收益　50 000　　B. 借：应收利息　50 000

C. 借：长期债券投资　50 000　　D. 借：银行存款　50 000

13. 小企业持有的5年期长期债券到期，到期应收回12万元，因发生减值，实际只收回10万元，账务处理正确的有（　　）。

A. 借：银行存款　100 000　　B. 借：营业外支出　20 000

C. 借：投资收益　20 000　　D. 贷：长期债券投资　120 000

14. 小企业长期债券投资符合下列（　　）条件之一的，减除可收回的金额后确认的无法收回的长期债券投资，作为长期债券投资损失。

A. 债务人依法宣告破产、关闭、解散、被撤销，或者被依法注销、吊销营业执照，其清算财产不足清偿的

B. 债务人死亡，或者依法被宣告失踪、死亡，其财产或者遗产不足清偿的

C. 债务人逾期3年以上未清偿，且有确凿证据证明已无力清偿债务的

D. 与债务人达成债务重组协议或法院批准破产重整计划后，无法追偿的

15. 下列应当计入长期债券投资成本的有（　　）。

A. 购买价款　　B. 已到付息期但尚未领取的利息

C. 手续费　　D. 税金

16. 下列各项中，有关长期债券投资表述正确的有（　　）。

A. 长期债券投资应当按照购买价款和相关税费作为成本进行计量

B. 实际支付价款中包含的已到付息期但尚未领取的债券利息，应当单独确认为应收利息

C. 分期付息方式的债券应计利息计入长期债券投资的账面价值

D. 分期付息方式的债券应收利息应作为流动资产项目

三、判断题

1. 短期投资的成本是指取得投资时实际支付的全部价款。（ ）

2. 短期股票投资持有期间，被投资单位宣告发放的现金股利，应当在实际收到时确认为投资收益。（ ）

3. 短期投资持有期间获得的现金股利或利息收入，除已计入应收款项的现金股利和债券利息外，应在实际收到时作为投资成本的收回，冲减短期投资的账面价值。（ ）

4. 溢价购入债券时，购入企业按债券票面规定的利率所获得的利息数，加上溢价摊销部分，才等于债券投资的实际利息收入数。（ ）

5. 折价购入债券时，购入企业按债券票面规定的利率所获得的利息数，减去折价的数额，才等于全部债券投资的利息收入数。（ ）

6. 对长期股权投资采用成本法核算，投资后收到的现金股利和股票股利均应确认为投资收益。（ ）

7. 在成本法下，当被投资企业发生盈亏时，投资企业并不做账务处理；当被投资企业宣告分配现金股利时，投资方应将分得的现金股利确认为投资收益。（ ）

8. 债券的折价或者溢价在债券存续期间内于确认相关债券利息收入时采用直线法或实际利率法进行摊销。（ ）

9. 《小企业会计准则》规定，短期投资期末按公允价值计量。（ ）

10. 《小企业会计准则》规定，小企业对外进行长期股权投资，可以采用成本法，也可以采用权益法核算。（ ）

11. 在收回投资前，无论被投资单位经营状况如何，净资产是否增减，投资企业一般不对长期股权投资的账面价值进行调整。（ ）

12. 长期债券投资，是指小企业准备长期（在1年以上）持有的债券投资。（ ）

13. 企业购入短期股权投资时，实际支付价款中包含的已宣告但尚未发放的现金股利，应当单独确认为应收股利，不计入短期投资的成本。（ ）

14. 一次还本付息的长期债券投资，在债务人应付利息日按照票面利率计算的应收未收利息收入应当确认为应收利息，不增加长期债券投资的账面余额。（ ）

四、实训题

实 训 一

【目的】练习短期投资的核算。

【要求】根据下列经济业务进行相关账务处理。

【资料】立威机械有限责任公司发生经济业务如下：

1. 5月20日，公司购入中兴公司股票10万股，占中兴公司有表决权股份的0.5%，支付价款合计500 800元，其中，证券交易印花税等交易费用800元，已宣告发放现金股利7 200元。立威公司将其划分为短期投资。

2. 6月20日，公司收到中兴公司发放的现金股利7 200元。

3. 6月30日，中兴公司股票收盘价为每股5.20元。

4. 12月31日，公司仍持有中兴公司股票；当日，中兴公司股票收盘价为每股4.90元。

5. 次年4月20日，中兴公司宣告发放现金股利200万元。

6. 次年5月10日，立威公司收到中兴公司发放的现金股利。

7. 次年5月17日，公司以每股4.50元的价格将股票全部转让，同时支付证券交易费用720元。

实 训 二

【目的】练习长期债券投资的核算。

【要求】根据下列经济业务进行相关账务处理。

【资料】立威机械有限责任公司本年发生经济业务如下：

1. 1月1日，公司购入中兴公司当日发行的两年期债券。债券面值1 000元，债券的票面利率为12%，企业按1 050元的价格购入80张。

2. 12 月 31 日，公司对该债券计提并收到利息。

3. 12 月 31 日，公司收到中兴公司归还本金和支付最后一次利息。

实　训　三

【目的】 练习长期股权投资的核算。

【要求】 根据下列经济业务进行相关账务处理。

【资料】 立威机械有限责任公司发生经济业务如下：

1. 2 月 1 日，公司购入中兴股份公司股票 10 万股，每股成交价 5 元，支付印花税、手续费 1 000 元，占中兴股份公司有表决权资本的 10%，准备长期持有。款项均以银行存款支付。

2. 3月5日，中兴公司宣告发放现金股利，每股0.50元。

3. 5月28日，公司收到现金股利，存入银行。

4. 6月28日，公司转让中兴公司股票5万股，实得价款30万元，存入银行。

6 第六单元 存货核算

一、单项选择题

1. 企业经过加工后构成产品主要实体的材料是（　　）。
A. 原料及主要材料　　B. 辅助材料
C. 修理用备件　　D. 低值易耗品

2. 外购材料入库应填制（　　）。
A. 库存商品入库单　　B. 领料单
C. 收料单　　D. 退料单

3. 生产上经常需用并规定有消耗定额的各种材料，在领用时应填制（　　）。
A. 限额领料单　　B. 领料单
C. 领料登记簿　　D. 退料单

4. 在采用计划成本计价核算的情况下，凡是货款已付的，无论材料到达与否，都应记入（　　）账户的借方。
A. “应付账款”　　B. “材料采购”
C. “在途物资”　　D. “预付账款”

5. 随同产品出售并单独计价的包装物，在销售实现后其成本应借记（　　）账户。
A. “销售费用”　　B. “管理费用”
C. “其他业务成本”　　D. “营业外支出”

6. 随同产品出售不单独计价的包装物，在销售实现后其成本应借记（　　）账户。
A. “销售费用”　　B. “管理费用”
C. “其他业务成本”　　D. “营业外支出”

7. 在外购材料业务中，（　　）情况产生了在途材料。
A. 货款付清，同时收料　　B. 付款在前，收料在后
C. 收料在前，付款在后　　D. 根据合同规定，预付货款

8. 某小企业月初结存材料的计划成本为 3 万元，成本差异为超支 200 元，本月入库材料的计划成本为 7 万元，成本差异为节约 700 元。当月生产车间领用材料的计划成本为 6 万

元，当月生产车间领用材料应负担的材料成本差异为（　　）元。

A. -300　　B. 300

C. -540　　D. 540

9. 下列各种物资中，不应作为企业存货核算的是（　　）。

A. 包装物　　B. 低值易耗品

C. 在产品　　D. 工程物资

10. 某小企业为增值税一般纳税人，4 月份购入 A 材料 1 000 千克，增值税专用发票上注明价款 3 万元，税额 5 100 元。该批材料在运输途中发生 1% 的合理损耗，实际验收入库 990 千克，入库前发生挑选整理费用 300 元。该批入库 A 材料的实际总成本为（　　）元。

A. 29 700　　B. 29 997

C. 30 300　　D. 35 400

11. 某小企业原材料按实际成本进行日常核算。3 月 1 日结存甲材料 300 千克，每千克实际成本为 20 元；3 月 15 日购入甲材料 280 千克，每千克实际成本为 25 元；3 月 31 日发出甲材料 200 千克。如按先进先出法计算 3 月份发出甲材料的实际成本为（　　）元。

A. 4 000　　B. 5 000

C. 4 500　　D. 30 000

12. 某小企业 3 月 1 日存货结存数量为 200 件，单价为 4 元；2 日发出存货 150 件；3 月 5 日购进存货 200 件，单价 4.4 元；3 月 7 日发出存货 100 件。在对存货发出采用月末一次加权平均法的情况下，本月发出存货的实际成本为（　　）元。

A. 628　　B. 432

C. 1 050　　D. 1 032

二、多项选择题

1. 下列项目中，应计入材料采购成本的有（　　）。

A. 制造费用

B. 进口关税

C. 运输途中的合理损耗

D. 一般纳税人购入材料支付的可以抵扣的增值税

2. 企业对发出存货的实际成本进行计价的方法有（　　）。

A. 个别计价法　　B. 加权平均法

C. 先进先出法　　D. 后进先出法

3. 下列各项与存货相关的费用中，应计入存货成本的有（　　）。

A. 材料采购过程中发生的保险费

B. 材料入库前发生的挑选整理费

C. 在生产过程中为达到下一个生产阶段所必需的仓储费用

D. 非正常消耗的直接材料

4. 下列各项中，增值税一般纳税企业应计入收回委托加工物资成本的有（　　）。

A. 支付的加工费

B. 随同加工费支付的增值税

C. 支付的收回后继续加工的委托加工物资的消费税

D. 支付的收回后直接销售的委托加工物资的消费税

5. 下列应计入“销售费用”的有（　　）。

A. 支付的广告费

B. 出借包装物的成本

C. 随同产品出售不单独计价的包装物的成本

D. 随同产品出售单独计价的包装物的成本

6. 存货通常包括的内容有（　　）。

A. 半成品　　B. 包装物

C. 低值易耗品　　D. 商品

E. 工程材料

7. 企业外购存货的成本包括（　　）。

A. 购买价　　B. 运输费

C. 进口关税　　D. 消费税

E. 增值税

8. 企业作为周转材料的包装物和低值易耗品摊销的方法有（　　）。

A. 一次转销法　　B. 分期转销法

C. 加速摊销法　　D. 直线法

E. 五五摊销法

9. 企业盘亏和毁损的存货经查明原因后，由“待处理财产损溢——待处理流动资产损溢”账户转出后，可能转入的账户有（　　）。

A. “管理费用”　　B. “销售费用”

C. “制造费用”　　D. “其他业务成本”

E. “营业外支出”

10. “材料成本差异”账户贷方可以记载的项目有（　　）。

A. 原材料实际成本大于计划成本的差额

B. 原材料实际成本小于计划成本的差额

C. 原材料实际成本等于计划成本的差额

D. 月末分配发出材料超支的差异

E. 月末分配发出材料节约的差异

11. 委托加工物资的实际成本包括（　　）。

A. 加工中实际耗用的物资成本

B. 支付的加工费

C. 支付的加工物资应负担的运杂费

D. 按规定应计入成本的税金

12. 下列属于包装物核算范围的有（　　）。

A. 用于包装产品或商品作为产品或商品组成部分的包装物

B. 一次性消耗的包装物，如纸、绳、铁丝等
C. 随产品和商品出售而单独计价的包装物
D. 出租或出借给购货单位使用的包装物

13. 下列关于随同产品出售，单独计价的包装物的说法正确的有（　　）。
A. 贷记“其他业务收入”账户
B. 贷记“应交税费——应交增值税（销项税额）”账户
C. 贷记“主营业务收入”账户
D. 贷记“营业外收入”账户

14. 下列关于出租包装物取得租金收入说法不正确的有（　　）。
A. 贷记“其他业务收入”账户
B. 贷记“应交税费——应交增值税（销项税额）”账户
C. 贷记“主营业务收入”账户
D. 贷记“营业外收入”账户

15. 下列关于随同产品出售，不单独计价的包装物的说法正确的有（　　）。
A. 贷记“周转材料——包装物”账户
B. 借记“管理费用”账户
C. 贷记“主营业务收入”账户
D. 借记“销售费用”账户

三、判断题

1. 购入材料在运输途中发生的合理损耗不需单独进行账务处理。（　　）

2. 存货计价方法的选择，不仅影响着资产负债表中资产总额的多少，而且也影响利润表中的净利润。（　　）

3. 入库原材料形成的超支差异在“材料成本差异”账户的贷方予以登记。（　　）

4. 基本生产车间一般性领用的原材料，记入期间费用“制造费用”账户。（　　）

5. 无论企业对存货采用实际成本法核算，还是采用计划成本法核算，在编制资产负债表时，资产负债表上的存货项目反映的都是存货的实际成本。（　　）

6. 发出原材料应负担的成本差异必须按月分摊。（　　）

7. 作为商品经营而购进的包装物，不属于包装物范畴。（　　）

8. 随同商品出售并且单独计价的包装物，包装物的收入应与所销售的商品一同记入“主营业务收入”账户中。（　　）

9. 委托加工物资收回后直接用于销售的，应将受托方代收代缴的消费税记入“应交税费——应交消费税”账户的借方。（　　）

10. 委托加工物资收回后用于连续生产应税消费品的，应将受托方代收代缴的消费税计入委托加工物资的成本。（　　）

四、计算题

12 月 31 日，立威机械有限责任公司根据 OD63 型 PE 管材明细账，汇总计算本月用于生

产产品的 OD63 型 PE 管材实际成本，并结转月末库存材料的实际成本。本月 OD63 型 PE 管材的收发情况，如表 6－1 所示。

要求：填制领用材料计算表（表 6－2、表 6－3），分别运用个别计价法、先进先出法、月末一次加权平均法计算本月 OD63 型 PE 管材发出材料成本和期末结存材料成本。

表 6－1 原材料收发情况表

材料名称：OD63 型 PE 管材 单位：米、元

年		摘要	收料				领料	结存			
月	日		批次	数量	单价	金额	数量	批次	数量	单价	金额
12	1	期初						1 201	500	35.50	17 750.00
	5	购进	1 205	2 000	34.80	69 600.00					
	6	发出					1 000				
	18	发出					1 300				
	20	购进	1 220	1 000	33.90	33 900.00					
	21	发出					800				

个别计价法

表 6－2 领用原材料成本计算表

材料名称：OD63 型 PE 管材 单位：米、元

发料日期	批次	数量	单价	金额
12.06	1 205	1 000		
12.18	1 201	300		
	1 205	1 000		
12.21	1 201	200		
	1 220	600		
合计				

先进先出法

表 6－3 领用原材料成本计算表

材料名称：OD63 型 PE 管材 单位：米、元

年		摘要	收料			领料			结存		
月	日		数量	单价	金额	数量	单价	金额	数量	单价	金额
12	1	期初							500	35.50	17 750.00
	5	购进									
	6	发出									
	18	发出									
	20	购进									
	21	发出									
月末合计											

五、实训题

实训一

【目的】练习材料按实际成本计价的核算。

【要求】根据下列经济业务进行相关账务处理。

【资料】立威机械有限责任公司12月份发生以下经济业务：

1. 1日，从艺海物资有限公司采购32＊4型无缝钢管10吨，材料买价共51 495.70元，增值税8 754.27元，签发转账支票一张，无缝钢管已验收入库。

2. 5日，向萌发塑料制品有限公司购入FRY50＊1 000型热缩套500套，买价8 920.00元，增值税1 516.40元，企业签发并承兑一张票面金额为10 436.40元、两个月期的银行承兑汇票结算材料款项，材料尚未运到。

3. 8日，上述FRY50＊1 000型热缩套运达并验收入库。

4. 12 日，从嘉信材料有限公司采购 OD315 型 PE 管材 1 000 米，买价 3 632.00 元，增值税 617.44 元，价税共计 4 249.44 元。货款尚未支付，材料已验收入库。

5. 13 日，按照合同规定，向三峡物资有限公司预付购料款 4 万元，已开出转账支票支付。

6. 18 日，开出转账支票支付前欠嘉信材料有限公司材料款 4 249.44 元。

7. 25 日，用预付货款方式从三峡物资有限公司采购的 OD90 型 PE 管材已验收入库，增值税专用发票上列明：材料价款 42 360.00 元，增值税 7 201.20 元。开出一张转账支票补付货款 9 561.20 元。

8. 31 日，汇总结转发出原材料 OD90 型 PE 管材的成本，本月基本生产车间一车间生产 PE32 * 32 接头领用 25 670. 88 元，车间一般性消耗领用 556. 98 元，厂部管理部门领用 634. 54 元，销售部门领用 822. 56 元。

9. 31 日，从嘉信材料有限公司采购 OD63 型 PE 管材，材料已验收入库，结算单据仍未到达，按暂估价 34 060. 00 元入账。

实 训 二

【目的】练习材料按计划成本计价的核算。

【要求】根据下列经济业务进行相关账务处理。

【资料】立威机械有限责任公司以计划成本核算原材料，FRY80 * 1 000 型热缩套的计划单价 17. 6 元/套，OD315 型 PE 管材的计划单价为 35. 90 元/米，12 月 1 日，FRY80 * 1 000 型热缩套的存量为 100 套，成本差异为借方余额 34. 16 元；OD315 型 PE 管材存量为 200 米，成本差异为贷方余额 152. 00 元。12 月份发生如下经济业务：

1. 1 日，从艺海物资有限公司采购 OD315 型 PE 管材 2 000 米，单价 37. 20 元/米，价款共计 74 400 元，增值税 12 648 元，签发转账支票一张，管材已验收入库。

2. 5 日，向萌发塑料制品有限公司购入 FRY80 * 1 000 型热缩套 1 000 套，单价 16.5 元/套，价款共计 16 500 元，增值税 2 805 元，销货方代垫运费 100 元，企业签发并承兑一张票面金额为 19 405 元、两个月期的银行承兑汇票结算材料款项，材料尚未运到。

3. 12 日，从三峡物资有限公司采购 OD315 型 PE 管材 3 000 米，单价 35.80 元/米，价款共计 107 400 元，增值税 18 258 元，价税共计 125 658 元。货款尚未支付，材料已验收入库。

4. 13 日，上述 FRY80 * 1 000 型热缩套运达并验收入库。

5. 25 日，从嘉信材料有限公司采购 FRY80 * 1 000 型热缩套 500 套，增值税专用发票上列明：单价 17.70 元/套，价款 8 850 元，增值税 1 504.50 元。开出一张转账支票 10 354.50 元支付货款，材料已验收入库。

6. 31 日，从萌发公司采购的 FRY80 * 1 000 型热缩套 1 000 套，材料已验收入库，结算单据仍未到达，按计划成本暂估价 17 600 元入账。

7. 31 日，汇总结转发出原材料 FRY80 * 1 000 型热缩套和 OD315 型 PE 管材成本，各部门零用情况见原材料发出汇总表，会计人员进行发出材料和结转材料成本差异的会计处理。

表 6 -4 原材料发出汇总表

× ×年 12 月 31 日

材料 / 领用部门		FRY80 * 1 000 型热缩套（套）计划单价（17.6 元/套）		OD315 型 PE 管材（米）计划单价（35.9 元/米）	
		数量	计划金额	数量	计划金额
基本生产车间	一车间生产接头	800	14 080	1 500	53 850
	二车间生产引入管	500	8 800	3 000	107 700
车间一般性消耗		80	1 408	100	3 590
管理部门		10	176	50	1 795
销售部门		10	176	50	1 795
合计		1 400	24 640	4 700	168 730

实 训 三

【目的】 练习包装物、低值易耗品的核算。

【要求】 根据下列经济业务进行相关账务处理。

【资料】 立威机械有限责任公司为增值税一般纳税企业，包装物、低值易耗品采用一次摊销法摊销。1 月份发生以下业务：

1. 5 日，出租给华为公司包装箱 160 个，单位成本 40 元，出租期限为 6 个月（租金一次支付），租金每个每月 5 元，租金共计 4 800 元，押金 1 000 元，将押金收入和租金收入存入银行。

2. 6 个月后，华为公司退回包装箱 152 个，有 8 个没退回，没收押金 480 元，其余押金 520 元退回，增值税税率 17%。

3. 10 日，销售产品时领用专用包装箱 10 个，成本为 1 000 元，售价为 1 400 元，单独计价，适用税率 17%，收到转账支票。

4. 15 日，销售产品时领用包装盒 500 个，单位成本为 10 元，不单独计价。

5. 20 日，生产接头领用包装袋一批，实际成本 400 元，用于包装产品。

6. 25 日，基本生产车间二车间领用低值易耗品专用量具，实际成本 4 000 元。

7. 28 日，报废低值易耗品一批，收回残料作价 200 元，已验收入库。

8. 30 日，该工厂销售部门领用低值易耗品一批，其实际成本 1 200 元。

7 第七单元 固定资产核算

一、单项选择题

1. 小企业购入需要安装的固定资产发生的安装费用应记入（　　）账户。

A. “固定资产”　　　　B. “长期待摊费用”

C. “管理费用”　　　　D. “在建工程”

2. 某公司自行建造一条流水生产线，购入各种工程物资，取得的增值税专用发票上注明的价款为 10 万元，增值税额为 1.7 万元，公司开出支票付款。其正确的账务处理是（　　）。

A. 借：工程物资　　117 000

　　贷：银行存款　　117 000

B. 借：在建工程　　117 000

　　贷：银行存款　　117 000

C. 借：工程物资　　100 000

　　应交税费——应交增值税（进项税额）　　17 000

　　贷：银行存款　　117 000

D. 借：在建工程　　100 000

　　应交税费——应交增值税（进项税额）　　17 000

　　贷：银行存款　　117 000

3. 公司购入一台机器设备，取得的增值税专用发票注明价款 45 000 元，增值税额 7 650 元，另支付运杂费 2 300 元，则该企业设备的成本为（　　）元。

A. 47 300　　　　B. 54 950

C. 52 650　　　　D. 45 000

4. 小企业购入需要安装的固定资产，其包装运杂费和安装费等全部安装成本（包括固定资产买价）均应通过（　　）账户进行核算。

A. “固定资产”　　　　B. “在建工程”

C. “管理费用”　　　　D. “工程物资”

5. 下列各项中应计提固定资产折旧的是（　　）。
A. 当月增加的固定资产
B. 融资租入方式租入的固定资产
C. 经营租入方式租入的固定资产
D. 已提足折旧继续使用的固定资产

6. 某项固定资产的原值为 7 000 元，预计使用年限 5 年，预计净残值 1 000 元，采用年数总和法计提折旧，则第二年的折旧额为（　　）元。
A. 1 600　　B. 4 800
C. 1 200　　D. 3 600

7. 计提固定资产折旧时，可以先不考虑固定资产净残值的方法是（　　）。
A. 年限平均法　　B. 工作量法
C. 双倍余额递减法　　D. 年数总和法

8. 固定资产盘盈尚未批准处理时，应通过（　　）账户进行核算。
A. “以前年度损益调整”　　B. “待处理财产损溢”
C. “营业外收入”　　D. “资本公积”

9. 固定资产盘亏净损失，应记入（　　）账户。
A. “销售费用”　　B. “资本公积”
C. “管理费用”　　D. “营业外支出”

10. 固定资产清理结束后，应将清理净收益转入（　　）账户。
A. “制造费用”　　B. “营业外收入”
C. “管理费用”　　D. “营业外支出”

11. 小企业进行财产清查时盘亏设备一台，该设备账面余额 46 000 元，已提折旧 24 000 元，应记入“待处理财产损溢”账户的金额是（　　）元。
A. 22 000　　B. 46 000
C. 24 000　　D. 70 000

12. 某企业为增值税一般纳税人，增值税税率为 17%，3 月份建造厂房领用材料实际成本 20 000 元，经查该批材料购入时进项税额 3 400 元，目前材料的市价 24 000 元，则计入在建工程的成本为（　　）元。
A. 20 000　　B. 23 400
C. 24 000　　D. 28 000

13. 某小企业属于增值税一般纳税人，自建仓库过程中，购买工程物资 30 万元，增值税税额 5.1 万元，已经全部用于建造仓库；工程人员工资 16 万元；支付耕地占用税 1.6 万元；领用材料 20 万元，该批材料的增值税税额 3.4 万元，该仓库建造完成并达到预定可使用状态，其入账价值为（　　）万元。
A. 67.6　　B. 71
C. 76.1　　D. 74.5

14. 采用出包工程方式建造固定资产时，对于按照工程进度和合同约定结算的工程价款应贷记的会计账户是（　　）。

A. “固定资产”　　B. “在建工程”

C. “工程物资”　　D. “预付账款”

15. 小企业接受某投资者投入的固定资产，应按（　　）计入固定资产的成本。

A. 投资方的账面原值　　B. 公允价值

C. 按照评估价值和相关税费　　D. 投资方的账面价值

16. 甲公司为增值税一般纳税人，12 月 31 日购入不需要安装的生产设备一台，当日投入使用，该设备价款为 360 万元，增值税税额为 61.2 万元，预计使用寿命为 5 年，预计净残值为 0，采用年数总和法计提折旧，该设备次年应计提的折旧为（　　）万元。

A. 72　　B. 120

C. 140.4　　D. 168.48

17. 多提折旧将使资产负债表中（　　）。

A. 资产增加　　B. 资产账面价值减少

C. 负债增加　　D. 资产和负债均不变

18. 某小企业遭受火灾，共计损失 78 万元，其中存货损失 50 万元，固定资产损失 28 万元。经查明原因属于雷击所致，收到保险公司存货赔偿 20 万元，固定资产赔偿 15 万元。企业计入营业外支出的金额是（　　）万元。

A. 43　　B. 78

C. 50　　D. 28

19. 企业出售一台设备，该设备原值 123 000 元，已提折旧 83 000 元，出售时取得价款 50 000 元，增值税 8 500 元，发生清理费用 4 000 元，则出售设备的净收益为（　　）元。

A. 6 000　　B. 14 500

C. 10 000　　D. 4 000

二、多项选择题

1. 为了核算固定资产，小企业一般需要设置（　　）等账户，核算固定资产取得、计提折旧、处置等情况。

A. “固定资产”　　B. “累计折旧”

C. “在建工程”　　D. “固定资产清理”

E. “工程物资”

2. 在采用自营方式建造厂房的情况下，下列项目中应计入厂房成本的有（　　）。

A. 耗用的工程物资

B. 领用本企业商品涉及的增值税销项税额

C. 生产车间为工程提供的水、电等费用

D. 企业行政管理部门为组织和管理生产经营活动而发生的费用

3. 小企业取得投资者投入的固定资产，可能涉及的账户有（　　）。

A. “固定资产”　　B. “实收资本”

C. “在建工程”　　D. “资本公积”

4. 下列固定资产中，应计提折旧的有（　　）。

A. 季节性停用的固定资产
B. 融资租入方式租入的固定资产
C. 经营租入方式租入的固定资产
D. 未使用的机器设备

5. 下列各项中，应计入固定资产成本的有（　　）。
A. 固定资产安装过程中领用的原材料
B. 固定资产日常修理发生的人工费用
C. 固定资产达到预定使用状态后发生的借款利息费用
D. 固定资产安装过程中支付的职工薪酬

6. 下列应通过“固定资产清理”账户核算的有（　　）。
A. 盘亏的固定资产　　B. 改扩建的固定资产
C. 报废的固定资产　　D. 出售的固定资产

7. 下列会引起固定资产账面价值发生变化的有（　　）。
A. 计提固定资产折旧　　B. 改扩建固定资产
C. 固定资产的日常修理　　D. 经营租入固定资产改扩建

8. 与年限平均法相比，年数总和法对固定资产计提折旧将使（　　）。
A. 计提折旧的前期，企业利润减少，固定资产净值减少
B. 计提折旧的前期，企业利润减少，固定资产净值增加
C. 计提折旧的后期，企业利润减少，固定资产原值不变
D. 计提折旧的后期，企业利润增加，固定资产原值不变

9. 下列各项中，影响固定资产折旧的因素有（　　）。
A. 固定资产的市价　　B. 固定资产的原值
C. 固定资产预计净残值　　D. 固定资产预计使用寿命

10. 下列各项中，应计提固定资产折旧的有（　　）。
A. 经营租入的设备
B. 融资租入方式租入的办公楼
C. 已投入使用但未办理竣工决算的厂房
D. 已达到预定使用状态但未投产的生产线

11. 小企业计提固定资产折旧时，下列会计处理正确的有（　　）。
A. 计提生产车间固定资产折旧时，借：制造费用　贷：累计折旧
B. 计提专设销售机构固定资产折旧时，借：销售费用　贷：累计折旧
C. 计提行政管理部门固定资产折旧时，借：管理费用　贷：累计折旧
D. 计提自建工程使用固定资产折旧时，借：在建工程　贷：累计折旧

12. 下列各项中，影响固定资产清理净损益的有（　　）。
A. 固定资产的账面价值　　B. 清理固定资产发生的税费
C. 清理固定资产变价收入　　D. 清理固定资产耗用的材料成本

13. 下列固定资产计提折旧的表述中，正确的有（　　）。
A. 提前报废的固定资产不再计提折旧

B. 固定资产折旧方法一经确定不得变更
C. 已提足折旧仍继续使用的固定资产不再计提折旧
D. 自行建造的固定资产应自办理竣工决算时开始计提折旧

14. 计入长期待摊费用的改建支出，主要有（　　）。
A. 已提足折旧的固定资产　B. 经营租入的固定资产
C. 融资租入的固定资产　D. 使用中的固定资产

15. 一般纳税人购入需要安装的机器设备，其成本包括（　　）。
A. 买价　B. 相关税费（含可抵扣的增值税）
C. 安装费　D. 包装费

16. 小企业下列关于固定资产增加成本的说法正确的是（　　）。
A. 外购固定资产的成本包括买价、相关税费（不含可抵扣的增值税）、安装费、包装费、运输费、保险费等
B. 自行建造的固定资产成本，由建造该项资产在竣工决算前发生的支出构成
C. 投资者投入的固定资产，按投资方原账面价值作为成本
D. 盘盈固定资产的成本，应当按照同类或类似固定资产的市场价格或评估价值，扣除按照该项固定资产新旧程度估计的折旧后的余额确定

17. 需要记入"在建工程"账户的有（　　）。
A. 外购需要安装的固定资产　B. 改扩建的固定资产
C. 自行建造的固定资产　D. 出包的固定资产

18. 下列固定资产中，不计提折旧的有（　　）。
A. 当月增加的固定资产　B. 当月减少的固定资产
C. 正在改扩建的固定资产　D. 土地

19. 下列费用中，应计入固定资产成本的有（　　）。
A. 购入固定资产时发生的包装费和保险费
B. 固定资产安装过程中领用的材料费
C. 固定资产改扩建过程中领用的材料费
D. 对固定资产进行的日常修理费

20. 记入"固定资产清理"账户借方的有（　　）。
A. 转入清理的固定资产账面价值
B. 固定资产清理过程中的变价收入
C. 固定资产清理过程中的发生的清理费用
D. 固定资产清理过程中取得的赔偿收入

21. 小企业处置固定资产通过"固定资产清理"账户进行核算的有（　　）。
A. 出售固定资产　B. 报废固定资产
C. 毁损固定资产　D. 固定资产对外投资

三、判断题

1. 增值税一般纳税人企业购入机器设备等固定资产的增值税应作为进项税额抵扣，不计入固定资产成本。 ( )

2. 小企业以经营租赁和融资租赁方式租入的固定资产，应另设备查簿进行登记，不在"固定资产"账户核算。 ( )

3. 属于小规模纳税人的小企业，其外购固定资产支付的相关税费包括增值税，一律计入所购固定资产的成本。 ( )

4. 属于增值税一般纳税人的小企业随固定资产购置发生的运费，在取得货物运费发票并经过认证后，按照税法规定准予抵扣的部分直接借记"应交税费——应交增值税（进项税额）"账户，其余部分计入固定资产的成本。对于随固定资产购置发生的其他相关税费，计入固定资产的成本。 ( )

5. 小企业取得投资者投入的固定资产，应当按照评估价值和相关税费计入成本。 ( )

6. 按双倍余额递减法和年数总和法计提的折旧额在任何时期都大于按年限平均法计提的折旧额。 ( )

7. 经营租入固定资产发生的改建支出，应直接计入当期损益。 ( )

8. 以一笔款项购入多项没有单独标价的固定资产，应当按照各项固定资产或类似资产的市场价格或评估价值比例对总成本进行分配，分别确定各项固定资产的成本。 ( )

9. 小企业固定资产的改建支出应当计入固定资产的成本。 ( )

10. 小企业计提经营租出固定资产折旧记入"管理费用"账户。 ( )

11. 固定资产的折旧方法一经确定，不得变更。 ( )

12. 小企业支付车间生产设备的日常维修费，记入"管理费用"账户。 ( )

13. 因大修理停用的固定资产不计提折旧。 ( )

14. 当月增加的固定资产，下月计提折旧；当月减少的固定资产，当月仍要计提折旧。 ( )

15. 以融资租入方式租入的固定资产，应视同自有固定资产，按照租赁合同约定的付款总额和相关税费计入成本。 ( )

16. 在建工程达到预定可使用状态前发生的借款利息，记入"财务费用"账户。 ( )

17. 固定资产折旧方法的选择，既影响资产负债表中的资产总额，也影响利润表中的利润总额。 ( )

18. 固定资产对外投资，不通过"固定资产清理"账户核算。 ( )

19. 固定资产处置的净损失，均应转入营业外支出。 ( )

20. 固定资产达到预定使用状态后的借款利息，应记入"在建工程"账户。 ( )

四、计算题

1. 2 月 25 日，公司购入可立即投入使用的设备一台，该设备成本 125 000 元，预计可使用8年，预计净残值率5%，采用年限平均法计提折旧。

要求：

（1）按年限平均法计算当年的折旧额。

（2）进行3月份计提折旧的账务处理。

2. 企业3月份购入并投入使用不需要安装的设备一台，原值800万元，预计使用年限5年，预计净残值5万元，采用双倍余额递减法计提折旧。

要求：

（1）用双倍余额递减法计算次年的折旧额。

（2）进行次年5月计提折旧的账务处理。

3. 某公司一台机器设备的原值为20万元，预计净残值为2 000元，预计使用年限为5年。

要求：

（1）应用年数总和法计算第三年的月折旧额。

（2）进行第三年每月计提折旧的账务处理。

4. 企业5月份出售一台设备，原价120万元，已提折旧30万元，用转账支票支付清理费用2万元，出售设备所得价款存入银行117万元（其中价格100万元，增值税额17万元）。

要求：

（1）进行出售设备相关的账务处理。

（2）计算出售设备净收益。

五、实训题

实　训　一

【目的】练习固定资产增加的核算。

【要求】根据以下经济业务进行相关账务处理。

【资料】展发公司本年发生以下经济业务：

1. 1 月 28 日，公司购进不需要安装的设备一台，价格 56 000 元，增值税率 17%，保险费 1 340 元，运杂费 860 元，设备已投入使用，开出转账支票付款。

2. 2 月 12 日，公司购进不需要安装的机器设备一台，价格 8 万元，增值税额 13 600 元；运费 2 400 元，增值税额 264 元（该运输公司的增值税率为 11%）；保险费 300 元，机器设备已投入使用，相关款项已通过银行付讫。

3. 公司购进需要安装的大型生产流水线，相关业务如下：

（1）3 月 5 日，该大型生产流水线到达，价格 38 万元，增值税率 17%，公司经审核验收，开出 6 个月期限的银行承兑汇票支付货款。

（2）3月5日，审核销售公司代垫的运费发票，金额5 800元，增值税额638元（增值税率11%），通过信汇付款。

（3）3月25日，设备安装调试完毕，开出转账支票支付安装费15 000元。

（4）3月26日，该生产流水线投入使用。

4. 8月1日，A公司投入厂房一幢，该厂房原值160万元，使用5年，已提折旧20万元，经双方协商并评估作价170万元（投资后增加了注册资金150万元），双方办妥产权等相关手续，支付契税、印花税等相关税费和大修基金7.8万元，同时交付使用。

5. 10 月 12 日，公司外购不需要安装的小型设备一台，价格 24 000 元，增值税率 17%，取得运费发票注明运费 1 200 元（按 7% 认证抵扣），所有款项已通过银行支付。

实　训　二

【目的】练习固定资产折旧的核算。

【要求】根据以下经济业务进行相关账务处理。

【资料】展发公司发生以下经济业务：

1. 2014 年 3 月购进的一台空压机，原值 62 800 元，预计净残值 6 400 元，预计使用年限 8 年，采用年限平均法计提折旧，写出 2016 年 4 月计提折旧时的账务处理。

2. 2013 年 11 月购进的一台冲床，原值 84 000 元，预计使用年限 5 年，预计净残值率 3%，采用年限平均法计提折旧，写出 2016 年 5 月计提折旧时的账务处理。

3. 2014 年 10 月购进的一台铸造机，原值 26 万元，预计使用 10 年，预计净残值率 5%，采用双倍余额递减法计提折旧。

（1）写出 2015 年 10 月计提折旧的账务处理。

（2）写出 2015 年 12 月计提折旧的账务处理。

4. 2012 年 3 月购进的一台液压机，原值 125 000 元，预计使用 5 年，预计净残值率 4%，采用双倍余额递减法计提折旧。

（1）写出 2015 年 3 月计提折旧的账务处理。

（2）写出 2015 年 4 月计提折旧的账务处理。

5. 2014 年 4 月购进的一台折弯机，原值 55 000 元，预计使用 5 年，预计净残值 5 000 元，采用年数总和法计提折旧。

（1）写出 2015 年 3 月计提折旧的账务处理。

（2）写出 2016 年 5 月计提折旧的账务处理。

6. 2012 年 8 月购进一台折边机，原值 48 000 元，预计使用 5 年，预计净残值率 5%，采用年数总和法计提折旧。

（1）写出 2015 年 10 月计提折旧的账务处理。

（2）写出 2016 年 10 月计提折旧的账务处理。

实 训 三

【目的】练习固定资产后续支出的核算。

【要求】根据以下经济业务进行相关账务处理。

【资料】山花公司发生以下经济业务：

1. 2011 年 3 月购进的一台冲床，原值 8 万元，预计净残值 4 000 元，预计使用年限 5 年。2016 年 3 月，该设备折旧已计提完毕，为节约资金和成本，公司决定对该设备进行更新改造，以延长使用寿命 3 年，发生的相关改造支出如下：

（1）2016 年 3 月 5 日，购买冲床的关键配件 8 500 元，增值税额 1 445 元，款项通过银行支付。

（2）2016 年 3 月 26 日，替换的配件按废料处理，取得现金收入 1 500 元。

（3）2016 年 3 月 31 日，计提改造人员工资 1 600 元，办理交付使用手续。

2. 2016 年 5 月，公司对车间所有机器设备进行日常修理，支付修理费 2 400 元，增值税额 408 元，开出转账支票。

3. 2015 年 10 月，公司对经营租入的办公室进行全面的装修，当年 12 月 24 日，装修完毕，按照合同，通过银行信汇给装修公司装修款 265 800 元。

4. 2015 年 5 月开始，公司决定对一条大型流水生产线进行更新改造，该设备预计使用寿命 10 年，已经使用 7 年，预计净残值率 5%，更新改造完毕，可延长使用寿命 5 年，发生的相关业务如下：

（1）该大型流水生产线原值 240 万元，已提折旧 159.6 万元，5 月 10 日，根据公司规定，暂停使用，进行改建。

（2）5 月 12 日，公司购进改造设备需要的关键配件设备，价格 55 万元，增值税额 9.35 万元，开出转账支票付款。

（3）5月24日，公司将替换下来的设备（原值40万元，已提折旧26.8万元）进行出售，取得价税合计款项11.7万元。

（4）5月30日，更新改造完毕，交付使用。

实　训　四

【目的】练习固定资产处置的核算。

【要求】根据以下经济业务进行相关账务处理。

【资料】山花公司发生以下经济业务：

1. 4月5日，公司决定出售一台空压机，相关业务如下：

（1）4月6日，空压机退出生产，办理资产交接手续，原值86 000元，已提折旧46 000元。

（2）4 月 7 日，开出增值税专用发票，取得转账支票，其中价款 50 000 元，增值税额 8 500 元。

（3）4 月 7 日，结转清理净损益。

2. 4 月 10 日，公司一座位于山脚下的仓库因遭受暴雨袭击毁损，相关业务如下：

（1）4 月 11 日，公司董事会决议将该仓库报废，同时启动保险赔付相关流程，该仓库原值 36.7 万元，已提折旧 25 万元。

（2）4 月 12 日，保险公司核赔 8 万元，已经收到银行赔款通知单。

（3）4 月 14 日，对该仓库进行清理，通过银行支付清理费用 3 500 元。

（4）4 月 14 日，结转清理净损益。

3. 5 月 12 日，公司决定对一台已经提足折旧的折弯机进行报废，相关业务如下：

（1）5 月 13 日，折弯机退出生产，办理固定资产报废手续，该折弯机原值 4.3 万元，预计净残值 3 000 元，已提折旧 4 万元。

（2）5 月 14 日，用现金支付搬运费 200 元。

（3）5 月 14 日，折弯机按废旧物品出售，取得现金收入 2 000 元。

（4）5 月 14 日，结转清理净损益。

4. 5 月 20 日，公司决定将一台设备对展发公司进行投资，发生的相关业务如下：

（1）5 月 21 日，办理设备移交手续，该设备原值 54 万元，已提折旧 12 万元。

（2）5 月 22 日，开出增值税专用发票，双方评估价格 45 万元，增值税额 76 500 元。

（3）5 月 23 日，用现金支付清理搬运费 4 600 元。

（4）5 月 23 日，结转清理净损益。

8 第八单元 无形资产和长期待摊费用核算

一、单项选择题

1. 无形资产是指企业拥有或者控制的没有实物形态的（　　）。

A. 可辨认的货币性资产　　B. 可辨认的非货币性资产

C. 不可辨认的货币性资产　　D. 不可辨认的非货币性资产

2. 无形资产的计量通常采用（　　）。

A. 实际成本　　B. 公允价值

C. 现值　　D. 可收回金额

3. 企业自用的无形资产的摊销费用应记入（　　）账户。

A. “制造费用”　　B. “销售费用”

C. “管理费用”　　D. “财务费用”

4. 自创并经法律程序申请取得的无形资产，其申请登记费应列入（　　）。

A. 管理费用　　B. 无形资产

C. 其他业务支出　　D. 营业费用

5. 接受投资者投入的无形资产，应按（　　）入账。

A. 同类无形资产的价格

B. 投资者无形资产账面价值

C. 按投资各方确认的价值

D. 该无形资产可能带来的未来现金流量之和

6. 无形资产的残值一般按（　　）。

A. 3% 预计　　B. 5% 预计

C. 10% 预计　　D. 0

7. 小企业不能可靠估计无形资产使用寿命的，其摊销期限为（　　）。

A. 按不低于 5 年摊销　　B. 按低于 5 年摊销

C. 按不低于 10 年摊销　　D. 按低于 10 年摊销

8. 企业出售无形资产取得的净收益，应当计入（　　）。

A. 主营业务收入　　B. 其他业务收入

C. 投资收益　　D. 营业外收入

9. 某企业研制一项新技术，研究过程中花费材料费 6 万元，支付人工费 1 万元。研究成功后申请获得专利权，在申请专利的过程中发生专利登记费 4 万元，律师费 8 000 元。该项专利权的入账价值为（　　）元。

A. 58 000　　B. 130 000

C. 118 000　　D. 48 000

10. 用来反映无形资产历年提取摊销额的账户是（　　）。

A. “累计摊销”　　B. “累计折旧”

C. “管理费用”　　D. “制造费用”

二、多项选择题

1. 无形资产通常包括（　　）。

A. 专利权　　B. 非专利技术

C. 土地使用权　　D. 著作权

2. 外购的无形资产，其成本包括（　　）。

A. 购买价款

B. 相关税费

C. 为引入新产品进行宣传发生的广告费、管理费用

D. 直接归属于该项资产达到预定用途所发生的其他支出

3. 下列说法中正确的有（　　）。

A. 投资者投入的无形资产，按投资各方确认的价值作为实际成本

B. 自行开发并按法律程序申请取得的无形资产，将依法取得时发生的注册费、聘请律师费等费用，直接计入当期费用

C. 长期待摊费用，是指已经支出，但摊销期限在 1 年以上（含 1 年）的各项费用

D. 当月增加的无形资产，当月开始摊销；当月减少的无形资产，当月不再摊销

4. 出售无形资产时发生的成本费用包括（　　）。

A. 出售无形资产的洽谈费用和差旅费

B. 出售无形资产取得的收入

C. 出售无形资产的摊余价值

D. 出售无形资产时应缴纳的税金

5. 长期待摊费用包括（　　）。

A. 已提足折旧的固定资产改良支出

B. 经营租入固定资产的改建支出

C. 固定资产大修理支出

D. 其他长期待摊费用

6. 关于长期待摊费用的摊销期限，下列说法中正确的有（　　）。

A. 已提足折旧的固定资产的改建支出，按照固定资产预计尚可使用年限分期摊销

B. 固定资产的大修理支出，按照固定资产已使用年限进行分期摊销

C. 经营租入固定资产的改建支出，按照合同约定的剩余租赁期限分期摊销

D. 其他长期待摊费用，自支出发生月份起分期摊销，摊销期不得低于 3 年

7. 无形资产的特征有（　　）。

A. 不具有实物形态　　B. 具有可辨认性

C. 具有不可辨认性　　D. 属于非货币性资产

8. 无形资产取得的途径主要有（　　）。

A. 购入　　B. 投资者投入

C. 自创　　D. 租入

9. “研发支出”账户核算小企业进行研究与开发无形资产过程中发生的各项支出。其正确的表述是（　　）。

A. 应按照研究开发项目，分别“费用化支出”、“资本化支出”进行明细核算

B. 企业自行研究开发无形资产发生的研发支出，不满足资本化条件的，借记“研发支出——费用化支出”账户；满足资本化条件的，借记“研发支出——资本化支出”账户

C. 月末，应将“研发支出”账户归集的费用化支出金额，借记“管理费用”账户，贷记“研发支出——资本化支出”账户

D. 研究开发项目达到预定用途形成无形资产的，应按“研发支出——资本化支出”账户的余额，借记“无形资产”账户，贷记“研发支出——资本化支出”账户

10. 企业对无形资产进行摊销时，其摊销额应根据受益对象分别计入（　　）。

A. 管理费用　　B. 财务费用

C. 制造费用　　D. 其他业务成本

三、判断题

1. 小企业取得的特许经营权不属于无形资产。（　　）

2. 广告的目的在于维持、提高商标的价值，广告费用一般应当计入商标权成本。（　　）

3. 生产车间使用的专利权在按月摊销时，应借记“制造费用”账户。（　　）

4. 无形资产价值的摊销直接贷记“无形资产”账户。（　　）

5. 企业自创并依法取得的专利权、商标权等无形资产的成本，应根据依法取得时发生的注册费、聘请律师费以及其他相关支出入账。（　　）

6. 无形资产的残值通常为零，因此，无形资产的应摊销额就是其成本。（　　）

7. 对自创的无形资产，一般将自创过程中发生的费用作为技术研究费用，计入当期费用。（　　）

8. 长期待摊费用应当在其摊销期限内采用年限平均法进行摊销，根据其受益对象计入相关资产的成本或者管理费用，并冲减长期待摊费用。（　　）

9. 企业出售无形资产，应将所得价款与该项无形资产的账面价值之间的差额，计入当期其他业务利润。（　　）

10. 无形资产摊销一般按月进行，无形资产的摊销期自其可供使用时开始至停止使用或出售时止。 （ ）

四、实训题

实 训 一

【目的】练习无形资产取得和摊销的核算。

【要求】

1. 对该公司12月1日的业务进行相关账务处理。
2. 采用年限平均法摊销，假定不考虑其他税费，计算该公司12月末的摊销额。

【资料】2012年12月1日，立威机械有限责任公司发生以下经济业务：

1. 外购一项专利权，购买价格为20万元，同时发生相关税费和有关专业服务费用1万元，款项已通过银行转账支付。该专利权使用年限为10年。

2. 向土地管理部门申请取得土地使用权，以银行存款45万元支付土地出让金。该土地使用权使用年限为30年。

3. 外购一项非专利技术，购买价格为30万元，同时发生测试费6万元，购买后即可用于生产A产品，并使其产量大幅度提高。款项均已开出转账支票付讫。该非专利技术使用年限为10年。

4. 支付 B 公司特许经营权，双方协议价格为 500 万元（公允价值），同时支付印花税等税费 5 万元，款项已通过银行划拨。该专利权使用年限为 25 年。

5. 接受青山天宏设计公司以其所拥有的商标权作为出资入股，双方协议约定的价格为 3 000 万元，已办妥相关手续。该商标权使用年限为 10 年。

实　训　二

【目的】 练习自行开发无形资产的核算。

【要求】 根据以下经济业务进行相关账务处理。

【资料】 立威机械有限责任公司自行研发一项专利权，在研究阶段，以银行存款的方式支出 15 万元，另外发生研发人员工资 5 万元。开发阶段的支出全部满足资本化条件，该阶段发生的支出中，银行存款支出 10 万元，发生研发人员工资为 7 万元，另外在申请过程中发生专利登记费 2 万元，律师费 1 万元。工资均未支付。

实训三

【目的】练习无形资产处置的核算。

【要求】根据以下经济业务进行相关账务处理。

【资料】立威机械有限责任公司本月发生以下经济业务：

1. 将其拥有的一项专利权在使用4年后出售，取得出售收入20万元，该项专利权的成本为25万元，使用寿命为10年，净残值为零，采用年限平均法摊销，假定不考虑税费。

2. 将一项已使用5年的商标权出租给A公司，该商标权的成本为20万元，使用寿命为10年。出租合同规定，A公司每年必须支付4万元使用费，假定不考虑税费。

3. 经调查发现，非专利技术生产的产品已经没有销路，决定予以转销。该非专利技术的成本为30万元，摊余价值为3万元。

实 训 四

【目的】练习长期待摊费用的核算。

【要求】根据下述资料进行发生费用以及按月摊销费用的会计处理。

【资料】立威机械有限责任公司12月1日发生以下经济业务：

1. 该公司规定每两年对企业的生产设备进行一次大修理。本月大修理支出如下：领用材料4万元，购进该批材料时支付的增值税进项税额为6 800元；工资3万元，其他费用8 000元。

2. 采用租赁方式租入设备一台，租期为5年，公司对其进行改装以增加效用，共发生支出6万元，该设备尚可使用10年。

3. 采用租赁方式租入一座办公用房，租期为5年，从承租日起，公司对其进行装修，出包装修工程款为12万元，以银行存款支付。该办公用房尚可使用年限为10年。

五、综合实务题

【目的】练习无形资产的核算。

【要求】根据下述业务进行相关账务处理。

【资料】立威机械有限责任公司从外单位购入一项商标权，价款为800万元，已用银行存款支付（不考虑相关税费），该专利权的使用寿命为10年，净残值为0，以直线法摊销。在使用的第2年末，该企业将其出售，取得收入为500万元，假定不考虑税费。

9 第九单元 职工薪酬及应交税费的核算

一、单项选择题

1. 应由生产产品负担的职工薪酬，计入（　　）。
   A. 产品成本　　B. 劳务成本
   C. 固定资产成本　　D. 无形资产成本
2. 应由在建工程负担的职工薪酬，计入（　　）。
   A. 产品成本　　B. 劳务成本
   C. 固定资产成本　　D. 无形资产成本
3. 应由无形资产负担的职工薪酬，计入（　　）。
   A. 产品成本　　B. 劳务成本
   C. 固定资产成本　　D. 无形资产成本
4. 企业为职工缴纳社会保险费和住房公积金，应当在职工为其提供服务的会计期间，根据（　　）的一定比例计算。
   A. 销售收入　　B. 利润
   C. 工资总额　　D. 基本工资
5. 下列说法错误的是（　　）。
   A. 职工薪酬包括医疗保险费、养老保险费、失业保险费、工伤保险费和生育保险费等社会保险费
   B. 职工薪酬包括工会经费和职工教育经费
   C. 职工薪酬包括因解除与职工的劳动关系给予的补偿
   D. 职工薪酬不包括因解除与职工的劳动关系给予的补偿
6. 下列说法错误的是（　　）。
   A. 应由生产产品负担的职工薪酬，计入产品成本
   B. 应由在建工程、无形资产负担的职工薪酬，计入建造固定资产或无形资产成本
   C. 应由提供劳务负担的职工薪酬，计入劳务成本
   D. 应由在建工程、无形资产负担的职工薪酬，计入当期损益

7. 企业计提社会保险应记入的贷方账户是（　　）。

A. “其他应付款——社会保险费”　　B. “应付职工薪酬——社会保险费”

C. “其他应收款——社会保险费”　　D. “应交税费”

8. 下列关于职工的范围表述正确的是（　　）。

A. 职工不包括兼职人员

B. 职工不包括临时人员

C. 职工不包括劳务用工合同人员

D. 职工包括董事会成员、监事会成员等

9. 企业为职工缴纳社会保险费和住房公积金，应当在职工为其提供服务的会计期间，根据（　　）的一定比例计算。

A. 基本工资　　B. 工资总额

C. 利润　　D. 销售收入

10. 某公司职工李静的月工资收入为4 350元。12月份，李静事假2天，病假3天，双休日10天，出勤16天。李静工龄25年，其病假工资按工资标准的60%计算。按扣缺勤法计算李静本月应得工资是（　　）元。

A. 3 710　　B. 3 560

C. 3 700　　D. 3 650

二、多项选择题

1. 职工薪酬包括（　　）。

A. 职工工资、奖金、津贴和补贴

B. 失业保险费

C. 住房公积金

D. 因解除与职工的劳动关系给予的补偿

2. 企业职工包括（　　）。

A. 全职职工　　B. 兼职职工

C. 临时职工　　D. 董事会成员

3. 下列属于职工薪酬的有（　　）。

A. 企业为职工在职期间和离职后提供的全部货币性薪酬

B. 企业为职工在职期间和离职后提供的全部非货币性福利

C. 提供给职工配偶的福利

D. 提供给职工子女的福利

4. 下列属于职工薪酬的有（　　）。

A. 基本养老保险费

B. 补充养老保险费

C. 以购买商业保险形式提供给职工的各种保险待遇

D. 失业保险费

5. 下列说法正确的有（　　）。

A. 职工薪酬包括医疗保险费、养老保险费、失业保险费、工伤保险费和生育保险费等社会保险费

B. 职工薪酬包括工会经费和职工教育经费

C. 职工薪酬包括因解除与职工的劳动关系给予的补偿

D. 职工薪酬不包括因解除与职工的劳动关系给予的补偿

6. 下列说法正确的有（　　）。

A. 应由生产产品负担的职工薪酬，计入产品成本

B. 应由在建工程、无形资产负担的职工薪酬，计入建造固定资产或无形资产成本

C. 应由提供劳务负担的职工薪酬，计入劳务成本

D. 应由在建工程、无形资产负担的职工薪酬，计入当期损益

7. 下列说法正确的有（　　）。

A. 小企业以自产的产品作为非货币性福利提供给职工的，应按照该产品的销售价格和相关税费确认应付职工薪酬

B. 小企业以其拥有的资产（如住房、车辆等）无偿提供给职工的，应当根据该住房、车辆等每期应计提的折旧额确认应付职工薪酬

C. 小企业租赁住房等资产供职工无偿使用的，应当根据每期的租金确认其应付职工薪酬

D. 小企业以购买的商品作为非货币性福利提供给职工的，可按照该商品购入时的价格作为销售价格和相关税费确其认应付职工薪酬

8. 下列哪些是小企业根据职工薪酬类别设置的二级科目（　　）。

A. “职工工资”　　B. “奖金、津贴和补贴”

C. “辞退福利”　　D. “职工福利”

9. 下列属于结转代扣款项会计处理的有（　　）。

A. 借：应付职工薪酬——职工工资
　　贷：其他应付款——社会保险

B. 借：应付职工薪酬——职工工资
　　贷：其他应付款——住房公积金

C. 借：应付职工薪酬——职工工资
　　贷：其他应付款——应交个人所得税

D. 借：应付职工薪酬——职工工资
　　贷：应交税费——应交个人所得税

10. 下列关于计提社会保险的说法正确的有（　　）。

A. 生产部门的社会保险应借记“生产成本”、“制造费用”账户

B. 管理部门的社会保险应借记“管理费用”账户

C. 销售人员的社会保险应借记“销售费用”账户

D. 财务部门的社会保险应借记“财务费用”账户

11. 下列关于企业以其生产的产品作为非货币性福利提供给职工的说法正确的有（　　）。

A. 视同销售处理

B. 借记“应付职工薪酬——职工福利费”账户

C. 贷记“主营业务收入”、“应交税费——应交增值税（销项税额）”账户
D. 无需结转成本
12. 下列关于将租赁的住房等资产无偿提供给职工使用的说法正确的有（ ）。
A. 借记“应付职工薪酬——非货币性福利”账户
B. 借记“应付职工薪酬——职工福利费”账户
C. 将非货币性职工薪酬计入管理费用
D. 将非货币性职工薪酬计入营业外支出
13. 小企业应交税费包括（ ）。
A. 增值税、消费税
B. 城市维护建设税、企业所得税
C. 关税、印花税、契税、耕地占用税
D. 代扣代缴的个人所得税
14. 下列哪些行为视同销售货物（ ）。
A. 将自产、委托加工、外购的货物用于非增值税应税项目
B. 将自产、委托加工的货物用于集体福利或者个人消费
C. 将自产、委托加工的货物或者购进的货物作为投资，提供给其他单位或者个体工商户
D. 将自产、委托加工的货物或者购进的货物分配给股东或者投资者
15. 下列哪些进项税额不得从销项税额中抵扣（ ）。
A. 用于非增值税应税项目、免征增值税项目、集体福利或者个人消费的购进货物或者应税劳务
B. 非正常损失的购进货物或者应税劳务
C. 非正常损失的在产品、产成品所耗用的购进货物或者应税劳务
D. 国务院财政、税务主管部门规定的纳税人自用消费品

三、判断题

1. 应由生产产品、提供劳务负担的职工薪酬，计入当期损益。（ ）
2. 应由在建工程、无形资产负担的职工薪酬，计入建造固定资产或无形资产成本。（ ）
3. 养老保险费，包括根据国家规定的标准向社会保险经办机构缴纳的基本养老保险费，以及根据企业年金计划向企业年金基金相关管理人缴纳的补充养老保险费。（ ）
4. 以购买商业保险形式提供给职工的各种保险待遇，不属于职工薪酬。（ ）
5. 辞退福利应全部计入当期产品成本。（ ）
6. 住房公积金不属于职工薪酬。（ ）
7. 工会经费和职工教育经费属于职工薪酬。（ ）
8. 职工薪酬代扣款项不含商业保险。（ ）
9. 小企业以自产的产品作为非货币性福利提供给职工的，应按照该产品的销售价格和相关税费确认为管理费用。（ ）

10. 小企业以其拥有的资产无偿提供给职工，应按照计提的折旧额，借记“管理费用”账户，贷记“累计折旧”账户。（　　）

四、计算题

1. 工人李红梅本月加工接头合格品300只，料废品1只，工废品3只，每只5元，加工引入管200只（其中料废品为3只），每只12元，请计算李红梅本月的计件工资。

2. 立威公司第二包装小组由王新明、王凯、杨晓军三位工人组成，一月份共同完成接头包装7 500件，计件单价0.68元/件；完成引入管包装8 500件，计件单价0.45元/件；根据考勤记录，王新明的工作时数为112小时，王凯的工作时数为88小时，杨晓军的工作时数为157小时。计算王新明、王凯、杨晓军三位工人各应得的工资。

3. 职工冉东的月工资收入为6 525元。1月份（31天），事假1天，病假2天，双休日10天，出勤18天。根据冉东的工龄，其病假工资按工资标准的45%计算。冉东病假没有跨越双休日，事假跨越了两天双休日。要求分别按扣缺勤法和出勤法计算冉东本月应得工资。

4. 基本车间生产工人刘波实行计件工资，本月完成接头生产280件，其中工废品2件，料废品3件，计件单价15元/件。计算刘波本月应得工资，填入表9－2中。

5. 行政部门李鑫实行计时工资，其标准工资为4 350元，1月份休息日加班2天，病假2天，工龄6年，其病假工资按工资标准的50%计算；奖金500元，加夜班3天，每晚津贴15元，节假日加班1天。计算李鑫本月应得工资，填入表9－2中。

6. 1月，基本车间刘波、行政部门李鑫本月个人承担住房公积金、养老保险金、医疗保险金、失业保险金如表9－2所示，个人所得税超额累进税率表见表9－1。计算应税工资，确定其适用税率、速算扣除数及应纳个人所得税并填入表9－2中。

表9－1　工资、薪金所得适用个人所得税七级超额累进税率表

级数	全月应纳税所得额	税率%	速算扣除数（元）
1	不超过1 500元	3	0
2	超过1 500元至4 500元的部分	10	105
3	超过4 500元至9 000元的部分	20	555
4	超过9 000元至35 000元的部分	25	1 005
5	超过35 000元至55 000元的部分	30	2 755
6	超过55 000元至80 000元的部分	35	5 505
7	超过80 000的部分	45	13 505

表9－2　个人所得税计算表

姓名	应付工资	扣除数额					应税工资	税率%	速算扣除	应纳税款
基本生产车间		定额费用	养老保险	医疗保险	失业保险	住房公积				
刘波		3 500	300	75	37.5	412.5				
……										
小计										
行政部门										
李鑫		3 500	380	95	47.5	522.5				
……										
小计										
合计										

7. 承计算题第4至第6题，计算刘波、李鑫实发工资，并完成工资结算单（表9－3）的编制。

表9－3 工资结算单

姓名	计时工资	计件工资	奖金	夜班津贴	加班工资	应付工资	代扣款项					实发工资
							养老保险	医疗保险	失业保险	住房公积	个人所得税	
刘波												
李鑫												

五、实训题

实 训 一

【目的】练习职工薪酬的核算。

【要求】根据下列经济业务进行相关账务处理。

【资料】立威机械有限责任公司12月发生以下经济业务：

1. 公司12月份应发工资为166 345元，代扣款项为40 231元（社会保险为16 720元，住房公积金为16 720元，个人所得税为6 791元）。写出该公司发放工资和结转代扣款项的账务处理。

2. 公司计提12月的各种社会保险费合计63 308元和住房公积金合计21 560元，写出该公司计提各种社会保险费和住房公积金的账务处理。社会保险费、公积金计算表见表9－4。

表9－4 社会保险费、公积金计算表

××年01月

项目	分类	计提基数	养老保险（20%）	医疗保险（9%）	失业保险（2%）	工伤保险（0.5%）	生育保险（0.8%）	住房公积金（11%）
生产成本	基本生产成本（接头）	20 000	4 000	1 800	400	100	160	2 200
	基本生产成本（引入管）	15 000	3 000	1 350	300	75	120	1 650
	小计	35 000	7 000	3 150	700	175	280	3 850

续表

项目	分类	计提基数	养老保险（20%）	医疗保险（9%）	失业保险（2%）	工伤保险（0.5%）	生育保险（0.8%）	住房公积金（11%）
制造费用	车间管理人员	20 000	4 000	1 800	400	100	160	2 200
管理费用		30 000	6 000	2 700	600	150	240	3 300
销售费用		17 000	3 400	1 530	340	85	136	1 870
生产成本——辅助生产成本		50 000	10 000	4 500	1 000	250	400	5 500
合计		152 000	30 400	13 680	3 040	760	1 216	16 720

3. 公司上交12月的各种社会保险费65 817元，其中企业负担49 096元，个人负担16 720元，住房公积金33 440元，其中企业负担16 720元，个人负担16 720元。

4. 9日，职工张敏因公负伤，赴外地就医，签发转账支票支付路费520元。

5. 15日，公司员工参加市劳动和社会保障局培训中心举办的计算机应用培训班，经考核成绩合格，经审批同意报销培训费，支付现金400元。

6. 20 日，向困难职工发放生活困难补助，支付现金 1 000 元。

7. 公司共有副经理以上管理人员 8 人，12 日，公司为其每人外购一台电视机作为福利提供给这些管理人员，收到增值税专用发票上注明单价为 5 000 元，增值税税率为 17%，款项已用银行存款支付。

实　训　二

【目的】 练习应交增值税的核算。

【要求】 根据下列经济业务进行相关账务处理。

【资料】 立威机械有限责任公司为增值税一般纳税人，12 月份公司发生下列业务：

1. 12 月 3 日，立威公司向萌发塑料制品有限公司购买 OD315 型 PE 管材 1 000 米，单价为 36 元/米，增值税为 6 120 元，材料验收入库，货税款尚未支付。

2. 12 月 5 日，立威公司向巴南燃气有限公司销售产品 PE110 * 108 型接头 1 000 只，销售价款 92 320 元，专用发票注明增值税额为 15 694. 40 元，提货单和增值税专用发票已交给买方，货款已存入银行。

3. 12 月 8 日，立威公司购入机器设备液压机一台，增值税专用发票注明价款为 14 万元，增值税额为 23 800 元，设备已到达并交付使用，款项已支付。

4. 12 月 9 日，立威公司生产一车间委托蓝天修配厂修理机器设备，华明修配厂开来增值税专用发票上注明修理费用 5 000 元，增值税额 850 元，开出转账支票付款。

5. 12 月 18 日，立威公司将自产的一批接头，通过当地的慈善机构捐献给偏远山区，支援建设，该批接头的成本为 5 万元，计税价格 7. 2 万元，增值税率为 17%。

6. 12 月 20 日，立威公司购入 OD315 型 PE 管材 1 000 米，增值税专用发票上注明该批管材的单价为 37.00 元/米，增值税税率 17%，材料已验收入库，货款已经支付。材料入库后，该批材料全部用于本公司办公楼的建设。

7. 12 月 31 日，立威公司将本月应交未交的增值税额 5 万元结转。

8. 次年 1 月 14 日，立威公司上交上月应交未交的增值税 5 万元。

9. 宏鑫公司为小规模纳税人，12 月 25 日，销售产品货款 10 300 元，取得转账支票一张。

实 训 三

【目的】练习其他税费的核算。

【要求】根据下列经济业务进行相关账务处理。

【资料】

1. 万通公司销售其生产的应税消费品售价为30万元（不含增值税），产品成本为25万元。该产品的增值税率为17%，消费税税率为10%，款项已收存银行，核算应缴纳消费税。

2. 万通公司在建工程领用自产应税消费品，成本为10万元，市场价格12万元，应纳增值税20 400元，应纳消费税12 000元。

3. 万通公司委托外单位加工一批应税消费品，发出材料价值60万元，支付加工费7万元，增值税额11 900元，外单位代收代缴的消费税35 263元，材料已加工完毕验收入库，用于继续生产应税消费品，开出转账支票支付。

4. 万通公司委托外单位加工一批应税消费品，发出材料价值80万元，支付加工费9万元，增值税额15 300元，外单位代收代缴的消费税46 842元，材料已加工完毕验收入库，用于直接对外销售，开出转账支票支付。

5. 利达公司12月份实际应缴增值税8万元，营业税7万元，无需缴纳消费税，该企业城市维护建设税适用的税率为7%。

6. 利达公司12月份实际应缴增值税8万元，营业税7万元，无需缴纳消费税，该企业教育费附加适用的税率为3%。

7. 利达公司代扣代缴个人所得税89 360元。

8. 本年，利达公司应交房产税10万元，应交土地使用税6万元，应交车船使用税4万元。

10 第十单元 财产清查核算

一、单项选择题

1. 小企业在现金清查中，确实无法查明的现金短缺，经批准后应记入（　　）账户。

A.“管理费用”　　B.“营业外支出”

C.“待处理财产损溢”　　D.“销售费用”

2. 小企业每日终了结算现金收支、财产清查等发现的有待查明原因的现金短缺或溢余，应通过（　　）账户核算。

A.“管理费用”　　B.“其他应付款”

C.“待处理财产损溢”　　D.“其他应收款”

3. 小企业现金短缺查明原因后，经批准处理时，按照可收回的保险赔偿或过失人赔偿，应借记（　　）账户。

A.“管理费用”　　B.“营业外支出”

C.“待处理财产损溢”　　D.“其他应收款”

4. 小企业在现金清查中，确实无法查明的现金溢余，经批准后应记入（　　）账户。

A.“营业外收入”　　B.“营业外支出”

C.“待处理财产损溢”　　D.“其他应付款”

5. 小企业现金溢余查明原因后，按照管理权限经批准后处理时，正确的会计处理法是（　　）。

A. 将其从“待处理财产损溢”账户转入“营业外支出”账户

B. 将其从“待处理财产损溢”账户转入“营业外收入”账户

C. 将其从“待处理财产损溢”账户转入“管理费用”账户

D. 将其从“待处理财产损溢”账户转入“财务费用”账户

6. 小企业一笔 3 400 元的款项，银行已经收款，企业尚未入账，则企业应进行的处理是（　　）。

A. 以银行对账单作为原始凭证并据以入账

B. 编制银行存款余额调节表并据以入账

C. 根据银行对账单自制原始凭证入账

D. 待有关结算凭证到达小企业后才据以入账

7. 下列财产物资盘存制度的说法错误的是（　　）。

A. 永续盘存制下，毁损、丢失的存货容易被计入存货发出数

B. 永续盘存制下，容易虚增发出存货的成本

C. 实地盘存制管控严格，不会虚增发出存货成本

D. 实地盘存制相对永续盘存制，更有利于企业管理

8. 因管理不善造成的存货毁损，应记入（　　）账户。

A. “管理费用”　　B. “营业外支出”

C. “销售费用”　　D. “营业外收入”

9. 下列存货盘盈结果的处理，描述正确的是（　　）。

A. 盘盈的存货，应冲减管理费用

B. 盘盈的存货，应冲减营业外支出

C. 盘盈的存货，应计入资本公积

D. 盘盈的存货，应计入营业外收入

10. 某一般纳税人企业，因管理不善造成一批原材料盘亏，该原材料成本 10 300 元，增值税额 1 700 元，残料入库 500 元，报批后，计入营业外支出的金额为（　　）元。

A. 10 300　　B. 12 000

C. 11 500　　D. 12 500

11. 盘盈固定资产应计入（　　）。

A. 管理费用　　B. 营业外支出

C. 资本公积　　D. 营业外收入

12. 下列财产清查中，采用函证核对法的是（　　）。

A. 银行存款清查　　B. 库存现金清查

C. 存货清查　　D. 固定资产清查

E. 往来款项清查

13. 小企业采用直接核销法，确认无法收回的应收款项时，应记入（　　）账户。

A. “管理费用”　　B. “主营业务收入”

C. “营业外支出”　　D. “销售费用”

14. 确实无法支付的应付款项，应作为（　　）处理。

A. “营业外收入”　　B. “主营业务成本”

C. “营业外支出”　　D. “管理费用”

二、多项选择题

1. 一般情况下，财产清查最常用的方法有（　　）。

A. 实地盘点法　　B. 估计法

C. 核对法　　D. 函证核对法

2. 库存现金清查需要设置的账户有（　　）。

A. “营业外收入” B. “待处理财产损溢”
C. “其他应收款” D. “营业外支出”

3. 库存现金短款处理结果可能涉及的账户有（　　）。
A. “营业外收入” B. “管理费用”
C. “其他应收款” D. “营业外支出”

4. 下列属于未达账项的有（　　）。
A. 银行已收款入账，而企业尚未收到凭证登记入账
B. 银行已付款入账，而企业尚未收到凭证登记入账
C. 企业已收款入账，而银行尚未收到凭证收款并且未登记入账
D. 企业已付款入账，而银行尚未收到凭证付款并且未登记入账

5. 下列会造成银行存款日记账余额比银行对账单余额小的情况有（　　）。
A. 银行已经收到其委托收款的款项 5 600 元，但相关银行业务通知单尚未送达企业
B. 企业已经开出转账支票 4.5 万元支付货款，而收款人尚未持转账支票到银行申请银行付款
C. 企业已经收到客户支付货款的 6 万元转账支票，但尚未送达银行
D. 企业的一张 5.8 万元银行承兑汇票到期，银行已经支付款项

6. 下列关于银行存款清查描述正确的有（　　）。
A. 如果编制的银行存款余额调节表，调节后双方余额相等，则说明银行存款日记账与银行对账单余额不等是因未达账项所致
B. 银行存款余额调节表可以作为会计记账的依据
C. 如果编制的银行存款余额调节表，调节后的余额仍然不等，则应进一步检查双方有无记错账的情况
D. 如果是未达账项的原因，导致银行存款日记账和银行对账单不一致，企业应待原始凭证实际到达时，再据以入账

7. 下列有关财产物资永续盘存制的描述正确的有（　　）。
A. 永续盘存制是指在日常经济活动中，既登记财产物资的增加数，也登记财产物资的减少数，并随时结出账面结存数的一种盘存制度
B. 永续盘存制有利于小企业随时掌握财产物资的收入、发出、结存情况
C. 永续盘存制被广泛运用
D. 永续盘存制核算简单，工作量小

8. 下列有关财产物资实地盘存制的描述正确的有（　　）。
A. 实地盘存制是指在日常经济活动中，平时只登记增加数，不登记减少数，月末通过实地盘点，倒挤出本期发出数的一种盘存制度
B. 实地盘存制有利于小企业随时掌握财产物资的收入、发出、结存情况
C. 实地盘存制被广泛运用
D. 实地盘存制核算简单，工作量小

9. 下列原材料的损失，应计入营业外支出的有（　　）。
A. 人为责任造成的原材料毁损

B. 运输途中，原材料的合理损耗

C. 因管理不善造成的原材料毁损

D. 因自然灾害，造成的原材料毁损

10. 下列会计处理中，正确的有（　　）。

A. 因管理不善造成的原材料净损失，计入存货成本

B. 运输途中，原材料的合理损耗，计入存货成本

C. 运输途中，因运输公司责任，造成的存货损失，计入存货成本

D. 因自然灾害造成的原材料净损失，计入营业外支出

11. 存货盘亏所涉及的账户有（　　）。

A. “待处理财产损溢”　　B. “原材料”

C. “其他应收款”　　D. “营业外支出”

E. “应交税费——应交增值税（进项税额转出）”

12. 固定资产清查，批准处理后，所涉及的账户有（　　）。

A. “其他应收款”　　B. “资本公积”

C. “营业外收入”　　D. “营业外支出”

13. 固定资产盘亏，批准处理后，下列会计处理正确的有（　　）。

A. 将其从“待处理财产损溢”账户转入“营业外支出”账户

B. 将其从“待处理财产损溢”账户转入“营业外收入”账户

C. 将其从“待处理财产损溢”账户转入“管理费用”账户

D. 将其从“待处理财产损溢”账户转入“其他应收款”账户

14. 下列财产清查中，采用实地盘点法的有（　　）。

A. 银行存款清查　　B. 库存现金清查

C. 存货清查　　D. 固定资产清查

E. 往来款项清查

15. 下列符合确认坏账损失的条件是（　　）。

A. 债务人依法宣告破产、关闭、解散，其清算财产不足清偿的

B. 债务人死亡，其财产或者遗产不足清偿的

C. 债务人逾期 3 年以上，且有确凿证据证明已无力清偿债务的

D. 因自然灾害、战争等不可抗力导致无法收回的

三、判断题

1. 库存现金清查时，出纳人员必须在场。（　　）

2. 特殊情况下，库存现金清查时，可以有小金额的白条抵库。（　　）

3. 库存现金清查结束，注明现金短款或是长款的“现金盘点报告单”，应由出纳人员和盘点人员签字盖章。（　　）

4. 库存现金短缺，扣除责任人赔偿部分后，企业承担部分应计入管理费用。（　　）

5. 银行存款日记账和银行对账单核对后，如果双方余额不一致，一定是未达账项造成的。（　　）

6. 编制“银行存款余额调节表”调节后，其调整后的余额仍然不相等，则一定是记账差错造成的。 （ ）

7. 银行存款余额调节表不能作为会计记账的依据。 （ ）

8. 财产物资的盘存制度就是财产物资的实际盘点方法。 （ ）

9. 实地盘存制不利于企业对财产物资的管理和控制。 （ ）

10. 盘盈原材料应当按照同类或类似存货的市场价格或评估价值作为原材料的成本。 （ ）

11. 盘盈的固定资产，应当按照同类或类似存货的市场价格或评估价值作为固定资产的成本。 （ ）

12. 盘盈的固定资产，经批准处理后，应计入资本公积。 （ ）

13. 盘亏的固定资产，扣除责任人赔偿后，作为损失，计入营业外支出。 （ ）

14. 往来款项的清查，一般采用实地盘点的方法。 （ ）

15. 一般情况下，小企业应采用直接核销法，确认实际发生的坏账损失。 （ ）

四、实训题

实 训 一

【目的】练习库存现金清查的核算。

【要求】根据下列经济业务进行相关账务处理。

【资料】立威机械有限责任公司 3 月份库存现金清查情况如下：

1. 3 月 10 日，公司对库存现金进行盘点，相关经济业务如下：

（1）短款 568 元，盘点人员填写“库存现金盘点报告表”，原因待查。

（2）经出纳人员与会计人员反复查找核对，发现由于计算错误，导致多付王敏差旅费 568 元，经与王敏协商，王敏当场退还现金 568 元。

2. 3 月 20 日，公司按制度对现金进行盘点，相关经济业务如下：

（1）长款 34.5 元，盘点人员填写“库存现金盘点报告表”，原因待查。

（2）经出纳人员反复查找核对，由于出纳人员按四舍五入的方式进行收支，最终导致了本次的溢余，经批准，转作利得。

3. 3 月 31 日，公司按制度对现金进行盘点，相关经济业务如下：

（1）短款 223.5 元，盘点人员填写“库存现金盘点报告表”，原因待查。

（2）经出纳人员反复查找核对，由于出纳人员按四舍五入的方式进行收支，导致现金短款 23.5 元，出纳人员错误导致短款 200 元，经批准，公司承担 23.5 元，出纳人员承担 200 元赔偿，经与出纳人员协商，从下月发放工资中扣除。

实 训 二

【目的】练习银行存款清查的核算。

【资料】展发公司4月30日银行对账单和银行存款日记账明细如表10-1、表10-2所示。

表10-1　中国工商银行对账单

户名：展发有限责任公司　　账号：3001 6673 1333 6754　　币种：人民币

日期	交易类型	凭证种类	摘要	借方发生额	贷方发生额	余额
2015-04-06	转账		耗材	30 000.00	0.00	11 860.57
2015-04-08	汇划	资金汇划补充凭证	实时清算	0.00	50 000.00	61 860.57
2015-04-08	转账		代理国库税收收缴	3 600.00	0.00	58 260.57
2015-04-08	现金类交易	现金支票		20 000.00	0.00	38 260.57
2015-04-12	转账		货款	0.00	50 000.00	88 260.57
2015-04-13	转账		代理国库税收收缴	432	0.00	87 828.57
2015-04-21	转账		利息	0.00	32.43	87 861.00
2015-04-27	转账			10.00	0.00	87 851.00
2015-04-27	转账		材料款	0.00	50 000.00	137 851.00
2015-04-27	转账			0.80	0.00	137 850.20
2015-04-28	转账		货款	85 000.00	0.00	52 850.20
2015-04-28	转账		运费	523.00	0.00	52 327.20
2015-04-29	转账		运费	18 000.00	0.00	34 327.20

表10-2　银行存款日记账

2015年		凭证号数	摘要	借方	贷方	方向	余额
月	日						
4	1		期初余额			借	41 860.57
4	6		付货款		30 000.00	借	11 860.57
4	8		收货款	50 000.00		借	61 860.57
4	8		取现		20 000.00	借	41 860.57
4	8		付税款		3 600.00	借	38 260.57

续表

2015 年		凭证号数	摘要	借方	贷方	方向	余额
月	日						
4	12		收货款	50 000.00		借	88 260.57
4	13		付税款		432.00	借	87 828.57
4	21		利息收入	32.43		借	87 861.00
4	27		支付利息		10.00	借	87 851.00
4	27		支付利息		0.80	借	87 850.20
4	29		收货款	5 600.00		借	93 450.20
4	30		付运费		2 020.20	借	91 430.00
4	31		当前合计	105 632.43	56 063.00	借	91 430.00

【要求】 编制银行存款余额调节表。

实　训　三

【目的】 练习存货清查的核算。

【要求】 根据下列经济业务进行相关账务处理。

【资料】 山花公司本年存货清查结果如下：

1. 3 月末，公司对存货进行定期盘点，相关经济业务如下：

(1) 29 日，盘亏甲材料 5 千克，成本 314 元；盘亏乙材料 20 千克，成本 2 134 元，盘亏的甲乙材料的进项税额为 391 元，盘点人员填写“存货盘点报告表”，原因待查。

（2）31 日，经相关人员反复核对查找，盘亏甲材料系定额内损耗，盘亏乙材料系管理不善造成的损耗，经领导批准，作为企业损失。

2. 6 月末，公司按制度对存货进行盘点，相关经济业务如下：

（1）盘盈甲材料 2 千克，该材料每千克 60 元，盘点人员填写“存货盘点报告表”，原因待查。

（2）经反复核对查找，盘盈甲材料属于供应商为防有材料次品，多备发的材料，经领导批准，转作利得。

3. 9 月末，公司按制度对存货进行盘点，相关经济业务如下：

（1）盘盈甲材料 3 千克，该材料每千克 63 元；盘亏乙材料 50 千克，每千克 100 元，进项税额 850 元，盘点人员填写“存货盘点报告表”，原因待查。

（3）经反复查找核对，盘盈甲材料属于供应商为防有次品，多备发的材料；盘亏的乙材料，由于库管人员没有尽到职责，被偷盗所致，经领导批准，盘盈的材料转作利得，盘亏的材料库管赔偿1 000元，其余企业承担。

实　训　四

【目的】练习固定资产和往来款项清查的核算。

【要求】根据下列经济业务进行相关账务处理。

【资料】山花公司本年固定资产和往来款项清查结果如下：

1. 公司因多年未对固定资产进行盘点，年末，决定对固定资产进行盘点，相关经济业务如下：

（1）盘盈一台小型切边机，市场售价8 500元，估计6成新；盘亏冲床一台，原值12 000元，已提折旧7 000元，该冲床已申报抵扣增值税额，盘点人员填写“固定资产盘点报告表”，原因待查。

（2）经领导批准，盘盈的固定资产转作利得，盘亏的固定资产转作损失。

2. 从12月25日开始，公司对往来款项进行清查，发出的询证函陆续回复，相关情况如下：

（1）山南公司所欠货款11 300元，已逾期3年，经调查，该公司确实无力偿还，经批准，转作损失。

（2）南乐公司所欠货款23万元，因南乐公司申请破产，经法院判决，已收到款项12.6万元，其余转作损失。

（3）欠供应商达达公司4 600元，因达达公司不再经营，相关人员无法找到，确实无法支付，经领导批准，转作利得。

第十一单元

11 损益核算

一、单项选择题

1. 以下支出中，不应记入“销售费用”的是（　　）。

A. 广告费和展览费　　B. 业务招待费

C. 销售商品过程中发生的运输费　　D. 售后服务网点工作人员的工资

2. 出租办公大楼收取的租金收入应确认为（　　）。

A. 主营业务收入　　B. 其他业务收入

C. 投资收益　　D. 营业外收入

3. 下列各项中不属于收入要素内容的是（　　）。

A. 出租无形资产取得的租金收入　　B. 出售多余原材料的收入

C. 商品销售收入　　D. 出租包装物的租金收入

4. 甲商品单位售价 440 元，公司规定：若客户购买 200 件（含 200 件）以上每件可得到 40 元的商业折扣；同时规定的现金折扣条件为 2/10，1/20，n/30。甲商品适用的增值税率为 17%（计算现金折扣时不考虑增值税）。12 月 8 日一客户购买该产品 200 件，并于 12 月 24 日支付全部货款。对现金折扣采用总价法核算，则销售该批甲商品实际收到的货款应为（　　）元。

A. 936　　B. 92 800

C. 93 600　　D. 92 664

5. 我国现行会计实务中，对所发生的销售折让，会计处理方法是（　　）。

A. 直接冲减折让发生当期的销售收入　　B. 作为资产减值损失处理

C. 增加折让发生当期的销售成本　　D. 增加销售费用

6. 下列税金中，不可在“营业税金及附加”账户中核算的是（　　）。

A. 增值税　　B. 消费税

C. 营业税　　D. 城市维护建设税

7. 小企业计算所得税费用的方法是（　　）。

A. 应付税款法　　B. 纳税影响会计法

C. 资产负债表债务法　　D. 递延法

8. 下列各项中，不应作为营业外支出核算的是（　　）。

A. 处置固定资产净损失　　B. 罚款支出

C. 赞助支出　　D. 汇兑损失

9. 对外销售需要安装的电梯，且该安装和检验属于销售合同的重要组成部分，则确认电梯销售收入的时间是（　　）。

A. 发出电梯时　　B. 电梯安装完毕时

C. 电梯安装完毕且检验合格时　　D. 收到销售货款时

10. 下列各项中，不可用于弥补企业亏损的是（　　）。

A. 税前利润　　B. 税后利润

C. 盈余公积　　D. 资本公积

11. 管理费用、销售费用和财务费用属于（　　）。

A. 生产成本　　B. 直接费用

C. 间接费用　　D. 期间费用

12. 销货方对于现金折扣的入账应在（　　）。

A. 销售时　　B. 预计可能发生时

C. 期末　　D. 实际发生时

13. 以下各项中，核算时应记入“财务费用”的是（　　）。

A. 商业折扣　　B. 现金折扣

C. 销售折让　　D. 销售退回

14. 净利润等于利润总额减去（　　）。

A. 营业税　　B. 增值税

C. 所得税费用　　D. 消费税

15. 应纳税所得额为（　　）。

A. 利润总额 + 纳税调整增加额 - 纳税调整减少额

B. 利润总额

C. 收入总额减去支出总额

D. 净利润

16. 年末结转后，“利润分配”账户的贷方余额表示（　　）。

A. 累计利润分配额　　B. 当年实现利润额

C. 未分配利润　　D. 未弥补亏损

17. 下列关于“管理费用”账户，表述不正确的是（　　）。

A. 属于损益类账户

B. 借方登记本期发生的各项管理费用

C. 贷方登记期末结转“本年利润”的管理费用

D. 期末借方余额表示尚未结转的管理费用

18. 不影响企业营业利润的项目是（　　）。

A. 商品销售收入　　B. 固定资产租金收入

C. 劳务收入　　D. 政府补助收入

19. 费用确认应当以（　　）为基础。

A. 权责发生制　　B. 永续盘存制

C. 收付实现制　　D. 实地盘存制

20. 企业营业利润为 120 万元，销售费用为 15 万元，投资收益为 30 万元，营业外收支净额为 40 万元，则该企业本期利润总额为（　　）万元。

A. 80　　B. 160

C. 175　　D. 190

二、多项选择题

1. 下列各项中，属于管理费用的有（　　）。

A. 车船税　　B. 排污费

C. 设备修理费　　D. 技术转让费

2. 下列各项中，需要通过“利润分配”账户进行核算的有（　　）。

A. 盈余公积弥补亏损　　B. 分配给投资者的利润

C. 提取任意盈余公积　　D. 提取法定盈余公积

3. 下列各项影响企业营业利润的有（　　）。

A. 销售费用　　B. 管理费用

C. 投资收益　　D. 所得税费用

4. 下列账户中，年末结转后应无余额的有（　　）。

A. “主营业务收入”　　B. “营业外收入”

C. “本年利润”　　D. “利润分配”

5. 下列各项费用应作为销售费用列支的有（　　）。

A. 业务招待费　　B. 广告费

C. 产品展览费　　D. 金融机构手续费

6. 除主营业务活动以外的其他经营活动所发生的支出，应通过“其他业务成本”账户核算。其对应的贷方账户可能包括（　　）。

A. “周转材料”　　B. “原材料”

C. “累计摊销”　　D. “库存商品”

7. 本期确认的下列各项收入中，计算纳税所得额时按税法规定应予调整的有（　　）。

A. 国债的利息收入　　B. 赞助支出

C. 税收滞纳金　　D. 超过税法规定标准的职工福利费支出

8. 下列业务发生时，不需要单独进行账务处理的有（　　）。

A. 税前利润补亏　　B. 税后利润补亏

C. 盈余公积补亏　　D. 资本公积转增资

9. 财务费用包括（　　）。

A. 利息净支出　　B. 汇兑损失

C. 金融机构手续费　　D. 筹集生产经营资金的费用

10. 收入包括（　　）。
A. 销售产品所得收入　　B. 提供劳务所得收入
C. 转让资产所得收入　　D. 投资所得股利
11. 在“营业税金及附加”账户中核算的应交税费有（　　）。
A. 所得税　　B. 消费税
C. 资源税　　D. 城市维护建设税
12. 其他业务收入主要包括（　　）。
A. 原材料销售所取得的收入　　B. 出租包装物所取得的租金收入
C. 提供劳务所取得的收入　　D. 出租固定资产所取得的租金收入
13. 营业利润等于营业收入减去营业成本、营业税金及附加减去（　　）。
A. 营业外利润　　B. 销售费用和财务费用
C. 生产成本　　D. 管理费用
14. 下列各项中，属于营业外支出的有（　　）。
A. 捐赠支出　　B. 税款滞纳金支出
C. 固定资产盘盈　　D. 存货非常损失
15. 下列各项费用应计入销售费用的有（　　）。
A. 业务招待费　　B. 广告费
C. 展览费　　D. 金融机构手续费
16. 下列项目中应计入当期损益的有（　　）。
A. 董事会费　　B. 直接材料费用
C. 制造费用　　D. 广告费
17. 下列项目中属于管理费用的是（　　）。
A. 技术转让费　　B. 房产税
C. 绿化费　　D. 金融机构手续费
18. 下列各项影响企业营业利润的有（　　）。
A. 销售费用　　B. 管理费用
C. 投资收益　　D. 所得税费用
19. 下列各项中，应作为企业营业外收入核算的有（　　）。
A. 专利权的出租收入　　B. 盘盈收益
C. 接受捐赠收益　　D. 办公大楼的出租收入
20. 小企业的政府补助具有（　　）特征。
A. 政府补助是无偿的　　B. 政府补助通常附有一定的条件
C. 政府补助是从政府直接取得的资产　　D. 政府补助包括增值税出口退税
21. 根据收入的定义，小企业收入的特征是（　　）。
A. 收入是小企业在日常活动中形成的
B. 收入会导致所有者权益增加
C. 收入是与所有者投入资本无关的经济利益的总流入
D. 收入包括代收的增值税

22. 小企业在确定提供劳务交易的完工进度时，可选用的方法有（　　）。
A. 已完工工作量的测量
B. 已经提供的劳务量占应提供劳务总量的比例
C. 已经发生的成本占估计的提供劳务成本总额的比例
D. 已收到的款项占合同总价款的比例

23. 下列属于政府补助的主要形式有（　　）。
A. 财政拨款　　B. 财政贴息
C. 收到先征后返的所得税　　D. 先征后返的增值税

24. 下列关于商业折扣、现金折扣、销售折让说法正确的是（　　）。
A. 销售商品涉及商业折扣的，应当按照扣除商业折扣后的金额确定销售商品收入金额
B. 销售商品涉及现金折扣的，应当按照扣除现金折扣前的金额确定销售收入金额
C. 当销售折让发生在确认销售收入之前，应当在确认销售收入时直接按扣除销售折让后的金额确认
D. 已经确认销售收入的售出商品发生销售折让，应当在发生时冲减当期销售商品收入和销售成本

25. 政府补助通常附有的条件主要包括（　　）。
A. 政策条件　　B. 经济利益能够流入企业
C. 使用条件　　D. 成本能够可靠的计量

三、判断题

1. 收入按从事日常活动的性质不同分为主营业务收入和其他业务收入。（　　）
2. 在计量销售商品收入金额时应考虑现金折扣和商业折扣。（　　）
3. 企业为拓展销售市场所发生的业务招待费，应记入销售费用。（　　）
4. 销售商品涉及商业折扣的，应当按照扣除商业折扣后的金额确定销售商品收入金额。（　　）
5. 任何时候发生的销售退回都应在发生时冲减退回当月的销售收入，如已结转成本的，还应冲减退回当月的销售成本。（　　）
6. 非日常活动所形成的经济利益的流出应确认为费用。（　　）
7. 收入会导致所有者权益增加，但导致所有者权益增加的不一定都是收入。（　　）
8. 商品需要安装和检验的销售，一般应在安装检验后确认收入。（　　）
9. 代销商品销售，采用视同买断方式，委托方应在交付商品时确认收入。（　　）
10. 分期收款销售，是在交付商品时确认收入。（　　）
11. 如果劳务的开始和完成分属不同的会计年度，应按完工百分比法确认收入和费用。（　　）
12. 其他业务利润是营业外收入减去营业外支出之差额。（　　）
13. 确实无法偿付的应付款项，借记“应付账款”账户，贷记“资本公积”账户。（　　）

14. 增值税出口退税不属于政府补助。 ( )

15. 法定公积金累计额达到注册资本50%以后，可以不再提取。 ( )

16. 小企业发生收入往往表现为货币资产的流入，但并非所有货币资产的流入都是该企业的收入。 ( )

17. 企业为客户提供的现金折扣应在实际发生时冲减当期收入。 ( )

18. 在收取手续费的代销方式下，委托方应在发出商品时确认收入。 ( )

19. 采用预收款销售商品时，应在收到第一笔款项时确认收入。 ( )

20. 政府代第三方支付给小企业的款项，对于收款企业而言属于政府补助。 ( )

四、实训题

实　训　一

【目的】 练习收入的核算。

【要求】 根据下列经济业务进行相关账务处理。

【资料】 立威机械有限责任公司为增值税一般纳税企业，适用增值税率为17%，商品销售价格中均不含增值税额，按每笔销售业务分别结转销售成本。12月份发生以下经济业务：

1. 1日赊销新奥燃气有限公司B商品320件，规定的折扣条件为2/10，1/20，N/30，增值税发票注明货款8万元，增值税13 600元，商品已发出。B商品单位成本每件100元。

2. 2日，销售商品一批，商品的销售价格为60万元，实际成本为35万元。商品已经发出，开具了增值税专用发票，并收到购货方签发并承兑的不带息商业承兑汇票一张，面值70.2万元。

3. 3 日，向幸福公司销售 A 商品 600 件，代垫运费 600 元以银行存款付讫，开出增值税专用发票，货款 9 万元，增值税 15 300 元，以有关单据向银行办理托收。A 商品的单位成本为 30 元。

4. 3 日，收到三亚公司预付货款 5 万元，存入银行。

5. 4 日，委托风华公司代销商品 1 000 件。代销合同规定按已售商品售价的 5% 向风华公司支付手续费，该批商品的销售价格为 400 元/件，实际成本为 250 元/件。已将该批商品交付风华公司。

6. 6 日，赊销 B 商品 200 件给好又来公司，现金折扣条件为 2/10，1/20，N/30，增值税发票注明货款 50 000 元，增值税 8 500 元，商品已发出。B 商品单位成本每件 100 元。

7. 6 日，通过铁路局向三亚公司发送 B 商品 150 件，以银行存款支付运杂费 500 元，开出增值税发票注明货款 37 500 元，增值税 6 375 元，多余货款通过银行退回。B 商品单位成本为 100 元。

8. 9 日，收到幸福公司 A 商品的货款及运杂费共计 105 900 元。

9. 10 日，销售商品一批，销售价格为 50 万元，实际成本为 30 万元，由于是成批销售，公司决定给予 C 公司 10% 的商业折扣。商品已发出，收到银行汇票一张，已办理进账手续。

10. 15 日新奥燃气有限公司付清全部货款 92 800 元（假定计算现金折扣时不考虑增值税）。

11. 15 日，银行通知收到本月销售给好又来公司 B 商品 200 件的款项 57 500 元（假定计算现金折扣时不考虑增值税）。

12. 16 日，新奥燃气有限公司来电：11 月份购买的 5 000 件 B 商品，其中有 500 件质量不符合要求，经协商在价格上给予 10% 的折让，并按规定开出红字增值税专用发票。该商品售出时每件售价 200 元，单位成本 100 元，该货款当时已如数收存银行。

13. 17 日，三亚公司来电交涉：本月 6 日所发的 B 商品规格与合同不符，经协商同意给三亚公司货款折让 20%，并开出红字增值税专用发票，折让款通过银行付讫。

14. 20 日，收到新奥燃气有限公司由于质量问题退回的产品 300 件。该退货系 11 月份售出，售出时每件售价 200 元，单位成本 175 元，该货款当时已如数收存银行。立威公司用银行存款支付退货款项，退回的商品验收入库，并按规定开出红字增值税专用发票。

15. 22日，幸福公司来电交涉：收到的A商品中有200件质量与合同不符，且无法使用，经协商同意将200件作退货处理，并开出红字增值税专用发票，该200件商品的来回运杂费400元由本企业负担，款项已通过银行付款。

16. 25日，收到幸福公司退回的200件A商品，并已验收入库。

17. 30日，收到了风华公司的代销清单。风华公司已将代销的商品售出500件，款项尚未支付。立威公司向风华公司开具了增值税专用发票，并按合同规定确认了应支付的代销手续费。

18. 30日，销售剩余材料一批，增值税专用发票上明示货款5万元，增值税8 500元，货税款已存入银行。该材料成本价为3万元。

19. 31 日，将暂时闲置的一台设备出租给风华公司，期限 8 个月，租金每月 2 500 元，现收到风华公司开出的现金支票一张，用于支付本月租金。

20. 31 日，与购货单位签订协议，采用预收款方式销售商品。协议约定，销售价格为 70 万元，实际成本为 45 万元；购货单位应在协议签订时预付 60% 的货款（按销售价格计算），剩余货款于 3 个月后支付。

实　训　二

【**目的**】练习采用视同买断方式的代销商品的核算。

【**要求**】根据下列经济业务进行立威公司和长丰公司的相关账务处理。

【**资料**】12 月份立威公司发生以下经济业务：

1. 委托长丰公司代销商品一批，协议价为 6 万元，成本为 4.5 万元。增值税率为 17%。

2. 长丰公司将代销商品售出，实际售价 7 万元，增值税额 11 900 元。将代销单汇给立威机械有限责任公司，代销清单注明售价 6 万元，增值税额 10 200 元。

3. 收到长丰公司汇来货款 70 200 元。

实 训 三

【目的】练习采取收取手续费的方式代销商品的核算。

【要求】根据下列经济业务时立威公司和新华公司的业务进行相关账务处理。

【资料】12 月份立威公司发生以下经济业务：

1. 委托新华公司代销商品，双方商定采取收取手续费的方式。手续费按售价的 10% 支付，商品成本 65 万元，售价 8 万元。

2. 新华公司将受托代销商品售出，商品价款 8 万元，增值税额 13 600 元，共计 93 600 元，向立威公司开具代销清单。

3. 新华公司向立威公司支付扣除手续费后货款。

实　训　四

【目的】 练习劳务收入的核算。

【要求】 根据下列经济业务进行相关账务处理。

【资料】 12 月份立威机械有限责任公司发生以下经济业务：

1. 1 日，签订一项为期 7 个月的非工业性劳务合同，合同总收入 60 万元。当天预收劳务款 15 万。至 12 月 30 日实际劳务成本 5 万元（其中银行存款支付 3 万元，其余均为安装人员薪酬），估计为完成合同还会发生 20 万元。假定按实际发生的成本占估计总成本的比例确定劳务的完工进度。

2. 12 日，与巴南燃气有限公司签订合同，为其进行技术培训，合同规定当天完成，合同总价款为 8 000 元，于任务完成时一次支付。该公司实际发生支出 3 000 元，均为培训人员薪酬。

实 训 五

【目的】练习费用的核算。

【要求】根据下列经济业务进行相关账务处理。

【资料】12 月份立威机械有限责任公司发生以下经济业务：

1. 用存款支付业务宣传费 6 万元。

2. 签发现金支票一张，用于支付年度财务报表审计费 35 000 元。

3. 按规定计算本月应交房产税 5 000 元，应交车船税 4 000 元，应交土地使用税 1 850 元，排污费 2 000 元。

4. 以转账支票支付广告费 4 000 元，销售产品领用包装物 1 000 元。

5. 以现金支付印花税600元。

6. 计提本月设备折旧费15 000元，其中生产车间用7 000元，管理部门用3 000元，销售部门用3 500元，经营性租出1 500元。

7. 月末根据工资汇总表，行政人员工资2万元，专设销售机构人员工资2万元。

8. 签发转账支票1 860元，用于支付咨询机构的咨询费。

9. 接银行通知，已从企业存款户中扣收结算业务手续费3 000元。

10. 接银行通知，本月收到银行存款利息入账通知单，利息收入为 4 500 元。

实 训 六

【目的】练习利润及利润分配的核算。

【要求】

1. 计算本年营业利润、利润总额、应纳税所得额和应纳所得税及净利润。
2. 根据以下资料进行相关账务处理，并进行结转本年利润的账务处理。
3. 公司年初未分配利润为借方 10 万元，请计算年末未分配利润。

【资料】12 月份立威机械有限责任公司发生以下部分经济业务：

1. 经确认将无法支付新华公司的应付账款 5 600 元进行转销。

2. 开出转账支票支付税收滞纳金 1 000 元。

3. 开出转账支票支付灾区捐款 10 000 元。

4. 经批准结转处置固定资产的净收益 5 000 元。

5. 经批准结转存货盘盈额 4 680 元。

6. 按照国家相关规定，收到先征后返的消费税税款 20 000 元。

7. 公司有关损益类账户年末累计余额如下：

单位：元

科目名称	借方余额	贷方余额
主营业务收入		850 000
主营业务成本	600 000	
营业税金及附加	30 000	
其他业务收入		100 000
其他业务成本	70 000	
投资收益		50 000
营业外收入		30 000
营业外支出	10 000	
销售费用	20 000	
管理费用	40 000	
财务费用	12 000	

8. 假定该公司的全年税前会计利润为24.8万元（具体资料见第7题），其中包括本年因未按时缴纳税款被罚款2 000元，购买国债取得利息收入3万元，实际发放工资总额超过核定工资总额3万元，业务招待费超标准1.8万元，税收滞纳金1 000元，计算并结转所得税费用（假定该公司全年无其他纳税调整因素，所得税税率25%）。

9. 结转本年度实现的净利润180 750元（具体资料见第8题）。

10. 按本年年末净利润的10%提取法定盈余公积；按5%提取任意盈余公积；并向投资者分配利润10万元。

11. 经股东大会决议，用法定盈余公积弥补亏损8万元。

12. 将年末“利润分配”各明细账户余额转入“利润分配——未分配利润”明细账户。

第十二单元

12 财务报表的编报

一、单项选择题

1. 下列会计报表中，反映小企业在某一特定日期财务状况的是（　　）。
   A. 利润表　　B. 资产负债表
   C. 现金流量表　　D. 附注
2. 编制资产负债表所依据的会计等式是（　　）。
   A. 收入 - 费用 = 利润
   B. 借方发生额 = 贷方发生额
   C. 资产 = 负债 + 所有者权益
   D. 期初余额 + 本期借方发生额 - 本期贷方发生额 = 期末余额
3. 我国小企业的资产负债表采用的结构是（　　）。
   A. 账户式　　B. 报告式
   C. 单步式　　D. 多步式
4. 我国小企业的利润表采用的结构是（　　）。
   A. 单步式　　B. 多步式
   C. 单步式或多步式　　D. 两种结构
5. 下列资产负债表项目中，不可以直接根据总账科目余额填列的项目是（　　）。
   A. 应收股利　　B. 短期借款
   C. 应付股利　　D. 货币资金
6. 在资产负债表项目中，应根据多个总账科目余额计算填列的是（　　）。
   A. 应付账款　　B. 盈余公积
   C. 固定资产　　D. 应付职工薪酬
7. “应收账款”账户期末为贷方余额，应填列于会计报表（　　）。
   A. “应收账款”项目　　B. “应付账款”项目
   C. “预收账款”项目　　D. “预付账款”项目
8. 某企业“应付账款”账户月末贷方余额 40 000 元，其中：“应付甲公司账款”明细账户贷方余额35 000元，“应付乙公司账款”明细账户贷方余额5 000元，“预付账款”账户月末贷方余额30 000元，其中：“预付A工厂账款”明细账户贷方余额50 000元，“预付B工厂账款”明细账户借方余额20 000元。该企业月末资产负债表中“预付账款”项目的金额为（　　）。

A. 20 000元　　B. 30 000元
C. 40 000元　　D. 70 000元

9. 某企业3月31日结账后的“固定资产”账户余额为2 000万元，“累计折旧”账户余额为200万元。该企业3月31日资产负债表中的“固定资产账面价值”项目金额为（　　）。

A. 1 650万元　　B. 1 800万元
C. 2 000万元　　D. 1 850万元

10. 资产负债表中资产的排列顺序是（　　）。

A. 资产的收益性　　B. 资产的重要性
C. 资产的流动性　　D. 资产的时间性

11. 反映小企业在一定会计期间的经营成果的会计报表是（　　）。

A. 资产负债表　　B. 利润表
C. 现金流量表　　D. 会计报表附注

12. 某企业本年发生的营业收入为1 000万元，营业成本为600万元，销售费用为20万元，管理费用为50万元，财务费用为10万元，投资收益为40万元，营业外收入为25万元，营业外支出为15万元。该企业当年的营业利润为（　　）。

A. 320万元　　B. 360万元
C. 370万元　　D. 400万元

13. 现金流量表中的现金流量的正确分类方法是（　　）。

A. 现金流入、现金流出及非现金活动
B. 直接现金流量及间接现金流量
C. 经营活动、投资活动及筹资活动
D. 经营活动、投资活动及收款活动

14. 利润表按利润的计算过程，主要分以下三步计算编制（　　）。

A. 营业利润、利润总额、净利润　　B. 营业收入、利润总额、净利润
C. 营业利润、投资收益、净利润　　D. 利润总额、所得税费用、净利润

15. 下列各项中，属于小企业现金流量表“经营活动产生的现金流量”的是（　　）。

A. 收到的现金股利　　B. 支付的银行借款利息
C. 收到的设备处置款　　D. 支付的经营租赁租金

二、多项选择题

1. 小企业财务报表主要包括（　　）。

A. 资产负债表　　B. 利润表
C. 现金流量表　　D. 附注

2. 按财务报表编报期间的不同，可以分为（　　）。

A. 中期财务报表　　B. 个别财务报表
C. 合并财务报表　　D. 年度财务报表

3. 下列各项中，属于财务报表编制要求的有（　　）。
A. 谨慎性　　B. 及时性
C. 真实可靠性　　D. 可理解性

4. 下列资产负债表中的部分项目，属于所有者权益的有（　　）。
A. 实收资本　　B. 资本公积
C. 盈余公积　　D. 未分配利润

5. 资产负债表中的“存货”项目反映的内容包括（　　）。
A. 库存商品　　B. 周转材料
C. 委托加工物资　　D. 长期债券投资

6. 下列项目中，属于资产负债表中“流动负债”项目的有（　　）。
A. 预收账款　　B. 应付债券
C. 应付账款　　D. 一年内到期的长期借款

7. 下列各项中，可以通过资产负债表反映的有（　　）。
A. 某一时点的财务状况　　B. 某一时点的偿债能力
C. 某一期间的经营成果　　D. 某一期间的获利能力

8. 下列各项中，属于现金流量表“现金及现金等价物”的有（　　）。
A. 库存现金　　B. 银行存款
C. 银行本票　　D. 持有两个月内到期的债券

9. 下列各项中，应列入利润表“营业成本”项目的有（　　）。
A. 销售材料成本　　B. 公益性捐赠支出
C. 固定资产盘亏净损失　　D. 经营出租固定资产折旧费

10. 下列各项中，影响企业营业利润的有（　　）。
A. 出售原材料收入　　B. 销售产品发生的成本
C. 公益性捐赠支出　　D. 销售产品发生的税金

11. 下列各项中，属于筹资活动现金流量的有（　　）。
A. 分配股利支付的现金　　B. 清偿应付账款支付的现金
C. 偿还债券利息支付的现金　　D. 清偿长期借款支付的现金

三、判断题

1. 按主体的不同，财务报表可以分为个别财务报表和合并财务报表。（　　）
2. 资产负债表中长期借款项目直接根据长期借款总账科目余额填列。（　　）
3. 利润表中“营业税金及附加”项目包括增值税。（　　）
4. 资产负债表中“预付账款”项目应根据“应付账款”和“预付账款”所属明细账借方余额合计填列。（　　）
5. 短期借款项目应根据短期借款总账科目余额直接填列。（　　）
6. “固定资产清理”项目应根据“固定资产清理”科目的期末贷方余额填列；如“固

定资产清理 ” 科目期末为借方余额，以“ - ” 号填列。（ ）

7. “无形资产”项目应根据“无形资产”科目的期末余额直接填列。（ ）

8. 利润表中的净利润等于利润总额减去所得税费用。（ ）

9. 现金等价物，是指小企业持有的期限短（一般指从购买日起两个月内到期）、流动性强、易于转换为已知金额现金、价值变动风险很小的投资。（ ）

10. “销售产成品、商品、提供劳务收到的现金”项目，反映小企业本期销售产成品、商品、提供劳务收到的现金，不包括委托代销商品收到的现金。（ ）

四、计算题

1. 甲公司 12 月 31 日结账后有关科目余额如表 12 - 1 所示。

表 12 - 1 单位：元

科目名称	借方	贷方	明细科目	借方	贷方
应收账款	5 000		A 公司	8 000	
			B 公司		3 000
预收账款		45 000	C 公司		70 000
			D 公司	25 000	
应付账款		100 000	A 公司	20 000	
			B 公司		128 000
			C 公司	8 000	
预付账款	30 000		D 公司	40 000	
			E 公司		10 000
原材料	250 000				
生产成本	150 000				
库存商品	250 000				

要求：根据上述资料，计算资产负债表中下列项目的金额：

（1）“应收账款”项目；

（2）“预付账款”项目：

（3）“应付账款”项目：

（4）“预收账款”项目；

（5）“存货”项目。

2. 某小企业为增值税一般纳税人，适用的增值税税率为17%，所得税税率为25%。该企业本年度有关资料如下：

（1）本年度内发出产品5万件，其中对外销售45 000件，其余为在建工程领用。该产品销售成本每件为12元，销售价格每件为20元。

（2）本年内销售多余材料5万元，发生成本3万元。

（3）本年度内发生管理费用5万元，财务费用1万元，销售费用3万元，营业外收入2万元，营业外支出5 000元。

（4）本年度内计入投资收益的债券利息收入为3万元。

要求：计算该企业本年利润表中下列项目的金额：

（1）营业利润；

（2）利润总额；

（3）所得税费用；

（4）净利润。

五、实训题

实　训　一

【目的】 练习资产负债表的编制。

【资料】 振华公司12月31日有关总账和明细账资料如表12－2所示。

表12－2　　振华公司总分类账及明细分类账户余额表　　单位：元

总账科目	明细科目	借方余额	贷方余额	总账科目	明细科目	借方余额	贷方余额
库存现金		6 000		短期借款			30 000
银行存款		306 000		应付票据			180 000
其他货币资金		50 000		应付账款			55 000
短期投资		7 000		预收账款			4 000
应收票据		120 000		应付职工薪酬			100 000
应收账款		100 000		应交税费			46 600
预付账款		20 500		其他应付款			60 000
其他应收款		1 500		长期借款			375 000

续表

总账科目	明细科目	借方余额	贷方余额	总账科目	明细科目	借方余额	贷方余额
原材料		250 000		实收资本			500 000
库存商品		350 000		资本公积			100 000
固定资产		1 050 000		盈余公积			200 000
累计折旧			405 000	利润分配	未分配利润		305 400
无形资产		100 000					

【要求】根据上述资料，编制振华公司12月31日的资产负债表。

表12－3 资产负债表 会小企01表

编制单位： 年 月 日 单位：元

资 产	行次	期末余额	负债和所有者权益	行次	期末余额
流动资产：			流动负债：		
货币资金	1		短期借款	31	
短期投资	2		应付票据	32	
应收票据	3		应付账款	33	
应收账款	4		预收账款	34	
预付账款	5		应付职工薪酬	35	
应收股利	6		应交税费	36	
应收利息	7		应付利息	37	
其他应收款	8		应付利润	38	
存货	9		其他应付款	39	
其中：原材料	10		其他流动负债	40	
在产品	11		流动负债合计	41	
库存商品	12		非流动负债：		
周转材料	13		长期借款	42	
其他流动资产	14		长期应付款	43	
流动资产合计	15		递延收益	44	
非流动资产：			其他非流动负债	45	
长期债券投资	16		非流动负债合计	46	
长期股权投资	17		负债合计	47	
固定资产原价	18				

续表

资　产	行次	期末余额	负债和所有者权益	行次	期末余额
减：累计折旧	19				
固定资产账面价值	20				
在建工程	21				
工程物资	22				
固定资产清理	23				
生产性生物资产	24		所有者权益（或股东权益）：		
无形资产	25		实收资本（或股本）	48	
开发支出	26		资本公积	49	
长期待摊费用	27		盈余公积	50	
其他非流动资产	28		未分配利润	51	
非流动资产合计	29		所有者权益（或股东权益）合计	52	
资产总计	30		负债和所有者权益（或股东权益）总计	53	

实　训　二

【目的】 练习利润表的编制。

【资料】 振华公司本年有关损益类各账户累计发生额资料如表 12－4 所示。

表 12－4　**损益类账户发生额**　单位：元

账户名称	借方发生额	贷方发生额
主营业务收入		2 500 000
其他业务收入		100 000
主营业务成本	2 230 000	
营业税金及附加	125 000	
其他业务成本	48 000	
销售费用	23 000	
管理费用	60 000	
财务费用	32 000	
投资收益	24 000	
营业外收入		110 000
营业外支出	6 500	
所得税费用	40 375	

【要求】根据本年度损益类账户累计发生额编制本年利润表。

表 12－5　　　　利　润　表　　　　会小企 02 表

编制单位：　　　　年度　　　　单位：元

项　目	本年累计金额	上年金额（略）
一、营业收入		
减：营业成本		
营业税金及附加		
销售费用		
管理费用		
财务费用		
加：投资收益（损失以“－”号填列）		
二、营业利润（亏损以“－”号填列）		
加：营业外收入		
减：营业外支出		
三、利润总额（亏损总额以“－”号填列）		
减：所得税费用		
四、净利润（净亏损以“－”号填列）		